西方博弈往事

往事

THE PAST GAME
OF WESTERN

九边

著

台海出版社

CONTENTS [目录]

第一章

英国那些事

大英帝国是怎么崛起的

英国这个国家冷酷、务实，不讲情面。英国原本是一个没什么值得说道的小岛国，而且还分成好几个部分，互相打成一团。然而就是在这种条件下，英国克服各种先天不足，后来居上，成为雄踞世界头号强国三百年的国家。

如果说一个人在逆境中最该学谁，那无疑要学英国，因为英国一直不怎么顺利，但是一直坚持折腾，直到击倒所有对手。

有人说，因为工业革命，英国从一个边陲岛国成为现代文明的引领者，这话听上去好像很正确，然而实际并非如此。

第一次工业革命是18世纪60年代开始的，当时是清朝的乾隆年间。那个时候英国在地球村里是什么位置呢？边陲小国？实际上当时的英国并非边陲小国了——在这近两百年前，也就是1588年，英国已经击败了西班牙无敌舰队。

工业革命的一百多年前，也就是1652年，英国发动英荷战争，打败了当时的世界头号强国，有着"海上马车夫"之称的荷兰。

工业革命的数年前，也就是1763年，七年战争已经结束，以英国为首的阵营打败了以法国为首的阵营，北美大半的土地归了英国。英国此时已经是欧洲头号强权，全球遍布殖民地，这哪是边陲小国能做到的事啊？

英国并不是在工业革命的助力下登上世界头号强国的，工业革命以前它就已经是欧洲头号强国了。也就是说，当时的头号强国英国国内爆发了工业革命，一举甩开全世界，领先一百年，同时也强化了这种霸权地位。那么问题来了，崛起的原因既然不是工业革命，那是什么呢？我们今天就来讨论这个话题。

如果说英国在崛起前有什么特质能一眼看出它将来会成为头号帝国，那就是英国是个狠角色。

15世纪末16世纪初被认为是世界近代史的开端，因为那些年西班牙人发现了美洲新大陆。

西班牙人发现了美洲，一举成为世界头号强国那些年，英国人在忙什么？他们在忙着"玫瑰战争"和战后重建工作。

"玫瑰战争"这个词听着很浪漫，事实上是非常暴力的事情。故事的起因是英国王室的两个支系为了王位打了起来，其中一支家徽是白玫瑰，另一支是红玫瑰，所以后来大家给这场战争起了个名字叫"玫瑰战争"，类似我国古代的夺嫡之争。

"玫瑰战争"打得非常惨烈，双方完全没把对方当自己人，杀起来一点都不手软——西方当时是有"潜规则"的，也就是贵族被俘一般不会被处决，因为贵族就是那些人，互相联姻，互相倚仗，低头不见抬头见，等仗打完了还要继续过日子，所以贵族被逮到后一般会被用钱赎回去。但是英国人比较狠，逮到就处死，双方下手太狠，以至于两方贵族基本同归于尽——双方在对方地盘上实行"三光政策"，一场战争下来，贵族死了一大半，普通老百姓也被屠杀了很多。这股狠劲让欧洲人开了眼界，纷纷表示英国可怕。

"玫瑰战争"断断续续打了三十年，参战双方互有胜负，但总体是一件两败俱伤的事，最后双方筋疲力尽，实在是打不动了，就决定联姻，于是双方的男女继承人就结婚了。

这次"玫瑰战争"打得太凶残，上层的贵族伤亡太惨重，大批工商业主进入上层，为后来的资产阶级革命埋下了诱因。

既然两家都是王族，那继承人结婚不是乱伦吗？这在当时的欧洲人看来从来不是问题，事实上欧洲贵族内部长期通婚，大贵族内部基本都有血缘关系，而且叔叔娶侄女什么的非常常见。奥匈帝国的哈布斯堡王朝内部经常通过兄妹结婚来维持血缘的正统性，当然了，也遭到了乱伦的"反噬"——哈布斯堡家族很多人得了佝偻病，站都站不直。

英国王室的两个支系结婚以后，开创的就是所谓的都铎王朝。

我们经常说的那个为英国崛起奠基的伊丽莎白一世，全名就叫"伊丽莎白·都铎"。

为了表达两个家族的融合，英国的国花定为玫瑰。

至于现在的伊丽莎白二世，其实跟上边说的伊丽莎白一世关系不大，中间王朝迭代过几次。这五百年中经历过斯图亚特王朝和温莎王朝，现在那个伊丽莎白二世，就叫"伊丽莎白·温莎"。经过这几百年的折腾，现在的女王已经没啥权力了。

回到五百年前，英国女王的权力大了去了，而且正是因为伊丽莎白一世的坚持，让英国在那时候抢先拿到一张大航海时代的入场券。多说一句，英国这五百年里，权力整体的运转方式就是从国王那里跑到了资产阶级那里。

当时欧洲是西班牙的欧洲，西班牙这个国家勇猛、彪悍，而且宗教狂热，爱传教，好勇斗狠，尤其爱钱。

西班牙率先向美洲殖民，在美洲发现了大量黄金白银，然后把黄金白银运回国内，买军舰，买火枪，买各种东西。

当时西班牙王室连马桶都是金的，海上有无敌舰队，陆上有西班牙大方阵，说打谁就打谁，一言不合就拔刀，是世界上第一个日不落帝国。

伊丽莎白一世上位以后面对的是一个乱局，王室欠了300万英镑外债，当时这是一笔不得了的巨债；当时英国国内宗教冲突也很厉害，英国国内有两个基督教派别——新教和天主教。

新教的人看天主教的人很不顺眼，天主教的人也看不惯新教的人，英国的宗教战争基本没停过。苏格兰和爱尔兰的天主教徒每隔几年就搞一次起义。

历史上，英格兰多次对爱尔兰和苏格兰发起过战争，甚至在1840年，也就是鸦片战争之后，爱尔兰人最重要的食物土豆得了病，英格兰人也是见死不救，既不救土豆也不救人，爱尔兰饿死了几百万人。

爱尔兰一直都是天主教的地盘，英格兰人信新教，别看现在英国主张宗教自由，五百年前并不是这样。如果你不改信新教，会让英格兰人非常为难，双方因为宗教这事也打了无数的仗，死了数不清的人。所以爱尔兰人对英格兰人一直没一点儿好感。

不只是爱尔兰，苏格兰对英格兰也没什么好感，在英法百年战争中，苏格兰和法国是盟友关系，一起打英格兰。

或者你会觉得苏格兰胳膊肘往外拐，实际上苏格兰和英格兰以前并不和。

而发现新大陆后，爱尔兰人觉得英伦三岛不适合人类居住，大规模迁往海外，形成了一股独特的文化现象。

美国肯尼迪家族，就是从爱尔兰跑到美国的，而且是天主教徒。

英国新教到底和天主教是什么关系？其实不复杂，以前英国也是天主教的，天主教只有一个教皇，要求一夫一妻，并且离婚要到教皇那里审批，但是英国国王亨利八世想离婚审批时却被拒绝了，于是他宣布自己是教皇，可以随时离婚。从那以后英国国教就不是天主教了，是他自己新创建的教，也就是大家所知的圣公会。但在爱尔兰人和苏格兰人的眼里，这个国王又不是他们的国王，教自然也不是他们的教了，所以就有了宗教隔阂。

国王自己当教皇这事看着是件很舒坦的事，其实遗患无穷。你突然宣布自己是教皇，那我是不是也可以宣布自己是教皇？所以英国一下子出来好几个宗教，其中比较麻烦的是清教徒。在清教徒眼里，认为上帝眷恋谁，就会让谁有钱。在这个逻辑下，清教徒很爱赚钱，很多有钱却没地位的资产阶级都愿意加入这个教。

清教徒给国王造成了很大的麻烦，当时欧洲的流行观念是"君权神授"，国王是上帝派到人世间管理大众的，现在清教徒自己要跟上帝直接联系，不需要国王和主教了，国王在他们那里自然一文不值。所以国王就要虐待他们，他们就得离开英国去新大陆混。

新教是从天主教那里分裂出来的，天主教只有一个教皇，但是新教没这么一说，随便一个人都可以创立一个教，只要有人信你那一套你就是教主。

伊丽莎白一世上台前，天主教与新教的冲突愈演愈烈，她一上台就面对这么多麻烦，这位顽固而意志坚定的女人却一点也没退缩，不但着手解决这些麻烦，而且还把手伸过英吉利海峡，去给西班牙人找麻烦。

英国人和西班牙人之间的矛盾其实非常简单，一是宗教，二是钱。

欧洲在早年有过无数的宗教战争，宗教之间的矛盾没法调和，伊丽莎白死后没多久，就打过一场混战，持续了三十年，几乎波及整个欧洲。战争的结果是德意志地区死了40%以上的人口，无数家庭被屠灭，日耳曼地区的年轻人基本死绝了，包括西班牙、法国在内的好几个国家差点打破产。最后打不动了，签了一个《威斯特伐利亚和约》，决定不打了。

回到伊丽莎白一世那个年代，西班牙是坚定的天主教国家，见不得异教徒，看见异教徒就想让他皈依。

其次他们之间的一个很大的问题就是钱。西班牙人发现美洲后，不希望其他国家过来分一杯羹，但英国人看见西班牙人在美洲发了财，便蠢蠢欲动。很快的，两个英国商人（霍金斯和德雷克，这两个人在英国广为人知，德雷克现在在英国还有雕像），去非洲买了黑奴去美洲贩卖，果然赚得盆满钵满。伊丽莎白一世听说这事之后非常生气，强烈要求入股，从那以后，出现两件不得不说的具有创造性的事情，一是皇室入股海外贸易，二是大西洋三角贸易。

三角贸易在各个阶段买卖的东西不大一样，大概流程就是商队从英国出发，带着英国特产，比如酒什么的，去非洲换黑奴，然后带着黑奴去美洲，换成金银、糖、烟草带回来，利润非常高。

英国人这种行为让西班牙人非常不爽，因为在西班牙人眼里，美洲的钱只能西班牙赚，西班牙不给，你不能抢。所以西班牙方面的反应是如果逮到走私船，全部击沉。英国方面也不示弱，授权武装商船可以在大洋上随意打劫西班牙运送金银的船，这下有着长期婚姻关系的英国和西班牙关系越来越差。

除此之外，当时还是西班牙地盘的荷兰也造反了，当初西班牙要殖民他们，他们是没有意见的。西班牙说要不纳点税？荷兰人断然拒绝了。主权可以拿走，但是要钱没有，西班牙说不给钱我殖民你干吗？所以就打起来了。当时英国穷得很，仍是坚持向荷兰提供钱和军队，西班牙是知道的，所以也暗地里支持爱尔兰人闹事——爱尔兰人也多是天主教徒。

英格兰和爱尔兰双方来回摩擦了十几年，到了1587年，英格兰国内的天主教徒叛乱被镇压，苏格兰女王天主教徒玛丽也被伊丽莎白一世处决了，西班牙人忍无可忍，决定亲自去解放爱尔兰，顺便修理下英格兰。

我们熟知的西班牙无敌舰队是1588年出发的，这个年份大家可能没感觉，但我们应该知道一本书叫《万历十五年》，明朝万历十五年就是1587年，就是无敌舰队出发的前一年，那年海瑞死了。

无敌舰队不是我们通常理解的那样——战舰摆成一列，互相轰，那是后来的事。那时西班牙大炮的炮身很重，打一炮经常打不准对面的战船，巨大的后坐力往往让大炮大幅度地后退，经常把木质船体给撞坏了，所以大炮在当时还是配角。

当时的战术是本方的战舰和对方接舷，双方先是互相用火铳对射，射完了跳到对方船上搏杀。大家看过《加勒比海盗》吧，那里边就有类似的情节。

当时西班牙的目标是要去爱尔兰登陆的，浩浩荡荡的舰队就出发了，路上被英国远程大炮打了几下，整体影响不大，不过随后碰上了飓风，然后整个舰队灰飞烟灭了。

不过这次战役并没有改变英国和西班牙双方的实力对比，英国作为一个乱成一团的穷国，一举干掉了西班牙舰队并没有让其成为海上巨兽。西班牙第二年就恢复了无敌舰队的编制，又开始在大洋上威武起来了。而且在1597年，也就是十年后，西班牙准备再组织一次无敌舰队远征，不过还没出发，国王死了，就没远征成。

事实上，无敌舰队的全军覆没并没有改变什么，西班牙背靠美洲殖民地，有的是财富，所以接下来的日子照旧。

英国人支持荷兰人闹事，西班牙人则一直支持爱尔兰游击队，英国人让商船装上大炮去海外打劫西班牙运金船，并且签发一种叫"私掠许可证"的玩意儿。西班牙人又不是不会签发，也授权商船看到英国船可以自行决定是否开火，双方各自努力相互伤害。

伊丽莎白一世上台时国库有300万英镑欠款，执政过程中想尽办法筹集资金，甚至卖官鬻爵，一度还得差不多了，不过考虑到英国政府持续镇压本国天主教叛乱，又在海外支持反对西班牙的战争，财务情况能好就见鬼了。等伊丽莎白一世1603年病死的时候，王室又欠了300万英镑巨款。300万英镑是个什么概念呢？当时英国在海外的所有武装掠夺船一年能给政府赚20万英镑，可见300万英镑也是一笔巨款。

说到这里，就得解释下欧洲跟我国古代最不一样的地方了，欧洲采取的叫"国债制"，国王也可以像中国古代国王一样随意征税，但中国古代是自上而下的，也就是全天下都是皇帝的地盘，皇帝有命令基层就会执行。欧洲不一样，它采取的是封建制，国王下边是封臣，封臣支持国王，国王才有权威，如果不支持，那国王说出来的话什么也不是。国王的权力小得多，弄不好手底下的人就不拥护了，所以抗税事件经常发生，欧洲一般不会随便加税。

那欧洲的国家打仗没钱怎么办呢？借债，就跟买房似的，打仗前先找银行家借钱，把一个地方的税收抵押了，如果打完仗得到财富，可以提前还；如果没打赢，银行家就用税收的流水慢慢还，就跟我们还月供似的。

在欧洲的上千年间，国王们和银行家不断互动，进化出一堆复杂的策略，比如国王一般不会赖债，你要是敢这么做，下次别人打你，你没钱举兵抵抗你就死定了。

也有极个别的国王非常不靠谱，比如西班牙国王和法国国王都赖过账。那也可以，下次你打仗急需要钱的时候急死你，就算借到了，利息也高得离谱。一来一回，国王们慢慢就学乖了，越来越默契，比如俄国后来和法国打起来，但俄国欠法国银行家的钱照还，非常和谐，一码归一码。

随着时间的推移，欧洲银行团不断地兼并破产，最后能支持国家战争的银行只剩下17个，而且相互之间再结成攻守同盟，一起抵制信用差的国家的国王，或者一起支持信誉差的国王的敌人，反正不会就这样放过你，这一点在《权力的游戏》里都有交代。兰尼斯特家的家族格言就是"兰尼斯特欠债必还"。在欧洲，信用就是立命之本。

欧洲这种制度非常有创见性，它就是近代国家信用的原型。

欧洲一直是分裂的，银行家也是"流动作案"，杀债主这事国王也干过，不过成本越来越高，比如西班牙欠了荷兰银行家无数的钱，真让它灭了荷兰杀了银行家可能钱真不用还了，不过仗打了八十年，荷兰最后还是贸易独立了。

需要注意的一点是，银行家不是拿自己的钱去放贷，他也是从大家那里筹集，比如以5%年利率筹集资本，以20%利率放贷。那你肯定纳闷了，怎么那么高的利率？其实也正常，有些贷款是收不回来的，得对冲风险。英国人很快就反应过来了，所以在1694年，成立了世界上第一家中央银行，从全国人民那里吸收储蓄，然后借给国家打仗，国家打完仗还回去，这种措施非常有力地支撑了英国后续跌跌撞撞地向前爬。

伊丽莎白一世死了，她的时代也落幕了，拜英国人的宣传能力所赐，现在的伊丽莎白一世被神话了。不过真正深入那个时期的细节去看，伊丽莎白一世的年代非常复杂，从不同角度看能看出完全不同的景色。

在伊丽莎白一世统治期间，英国经历了很多考验，和西班牙旷日持久的战争，爱尔兰接二连三地出问题，埃塞克斯伯爵叛乱，农业歉收，而且为了筹款用尽各种办法。不过从那时候起，英国人坚定了成为强国的决心。以后的两百年中，英国人从来不怕挑战，不怕麻烦，从来都是一边解决国内解决不完的问题，一边把手伸到全世界折腾，直到成为世界性强国。

正如伊丽莎白一世时期的莎士比亚在名作《约翰王》里说

的："就算全世界都是我们的敌人，向我们三面进攻，我们也要彻底击溃他们。"这段话可以理解成那个时代英国人的宣言。

海盗的生与死

有一次去大英博物馆溜达，一个英国女生举着小旗子带着一群小红帽走了过来。她当时说的事激起了我强烈的好奇心，一直跟着他们在里边转悠，后来我差点上了他们的大巴。

她说她有剑桥的博士学位，平时在博物馆偶尔当下解说员。这不奇怪，咱们北京国家博物馆里也有解说人员是博士学位，关键是她说了一件事让我非常感慨——她说，以往大家说起英国人，觉得他们是海洋民族，他们的种族天赋就是驰骋于海洋，所以才能建立起强大的海上帝国。其实不是，英国在15世纪末之前并不热衷于航海，英国是一个待在岛国种地的陆地民族。平时在岛上生产点农副产品，自给自足，最多会穿越英吉利海峡去法国和比利时那一带。

问题是英吉利海峡有多窄呢？英国现在有一项挑战赛，来自世界各地的人会游过英吉利海峡，因为英吉利海峡相对比较窄。

除此以外，英国很少再做更远的航行。

而且更不可思议的是，英国作为一个岛国，被北欧海盗打劫也就算了，竟然也经常被中东的海盗打劫，不止被抢钱，还被抢人，中东的海盗把英国的女人、孩子带回中东做奴隶。

那么问题来了，他们经历了怎样的心路历程，以至于彻底脱胎换骨走上了海洋之路呢？

一、弯道超车

英国人之所以走上海洋之路，主要是因为嫉妒——英国人的海洋之路一开始并不是整个国家的共识，而是羡慕暴发户西班牙，所以才涉足海洋业务，因为有丰厚的收获，所以继续加大投资，是一种典型的"迭代算法"。用了一百来年，半个国家都卷入了海洋之中，才有了后来盎格鲁—撒克逊人独步大洋的场面。

在大航海之前，英国人主要干了两件事：去法国攻打法国人——英法之间爆发过百年战争，在本土发动内战。英格兰农民长弓手拿着近两米的长弓把法国贵族骑士差点杀绝种。不过英格兰长弓手对自己人的伤害不低于法国，因为跟法国打完没多久，英国内部就打了起来。在"玫瑰战争"中，英格兰长弓手互相对射。

"玫瑰战争"之后，英国不再玩大规模陆战了，因为他们找到了更好的生财之道——当海盗。

英国人起步太晚。西班牙人在美洲发现了新大陆，灭了两个帝国，挖出来天量金银，马桶都做成了金的。英国人还在那里忙着互相伤害，等到西班牙人都破产一次了，英国人才反应过来应该涉足海洋贸易，天天窝里斗也不是个事。

1493年哥伦布发现了新大陆，西班牙人开启了列强之路。英国是什么情况呢？英国有个《海洋事业报告》，每隔几年就统计下自己国家有多少船。到了1565年，英国能在大洋里航行的大船只有17艘，西班牙当时有上千艘。也就是说，大航海时代都开始七十年了，英国能跑大洋业务的船还不到20艘。

当时的英国女王已经换上了天生倔强的伊丽莎白一世。伊丽莎白一世是个犟脾气，发现西班牙人在大洋贸易中赚得盆满钵满，自己却窝在岛上成天研究薅羊毛（当时英国的核心外贸产业是给比利时那一带供应羊毛），越想越觉得属于低端产业，不升级混不下去了。

问题是英国一没钱二没人三没军舰，怎么涉足海洋贸易？

英国怎么办？最后英国开启了海盗之路。当时没什么国际法，海洋事务才刚刚起步，消息也不灵通，某一艘商船在大洋上被多艘海盗船抢掠，也没法发消息求救，被炸沉后就跟从来没存在过似的。

英国相对西班牙的国力整体是弱势的，人家上千艘船，它20艘不到；但是在局部又是处于优势的，可以十几艘去打劫其中一艘。大家注意下这种"整体—局部"的优势反转，顶级战略家往往玩的就是这个。

当时英国的很多人一合计，一起出钱投资海盗事业，准备先出去试试效果。

当时的海上业务跟现在不一样，现在的远洋航运都是拉着几百个集装箱，里边塞满大豆、工业配件什么的，就算抢到也卖不出去，所以现在的海盗只能是绑架、勒索。

回到大航海时代，海上业务风险极大，船又小，成本相对较高，所以只能搞一些高附加值的产品才能抵消成本。那个时候商船上的所有东西都是奢侈品类型的，这样进一步给了英国一个发展海盗的条件，只要他们逮到其中一艘拉满奢侈品的西班牙商船就发了。

既然有这么多理由发展海盗事业，那为什么不发展呢？就这样，女王颁发了私掠许可证，这17艘大船出海，开始了大英帝国的海洋之路。大家想想，后来独步大洋几百年的英国海军，工业革命奇迹的起点，以及盎格鲁—撒克逊文明的起源，竟然是这17艘大船，是不是有种不可思议的感觉？

没想到海盗的利润率太高了，经常是600%以上。

英国海盗并非专职抢劫，平时也带点英国本地土特产，去其他地方倒卖，当然贩卖黑人奴隶的事也没少干——英国参与海上贸易非常晚，但是贩卖黑人奴隶一点都不晚。

这些财富对英国经济增长是有指数级效果的，英国在随后二十年里尽管起步较晚，但是发展得非常好。海盗抢了商船赚了钱，回到英国后得到了大家的踊跃欢迎，诗人们给他们写诗，流浪歌手们把他们写入歌词，大家都把压箱底的家私拿出来投资海盗出去打劫。海盗不断地扩大产业规模，而且会激励更多的人去加入这一打劫行业，到后来大量的贵族也加入了海盗行列。

英国的话语权在贵族手里，贵族们之前鄙视海盗，但是有一天自己投资了海盗业务，他们还好意思说当海盗就会怎么样吗？所以在英国，海盗这个行业就彻底被合法化了。后来英国干脆说自己的海盗跟其他国家的海盗不一样，他们是"绅士海盗①"。

这种正向激励是很可怕的，短短二十多年，英国人参与海洋贸易没多久，军舰加上武装肆掠船就由17搜扩充到了200搜左右，并且对西班牙的劫掠变得越来越过分：一开始是几艘船围

_____

① 绅士海盗：有政府和国家在背后支持的海盗被称为"皇家海盗"，也被称为"绅士海盗"。

攻西班牙一艘商船，到后来海盗舰队开始劫掠西班牙沿海的殖民地。

在1571年，英国历史上最受仰慕的海盗德雷克干了一票大的，他跑到加勒比，对西班牙沿岸殖民地一顿打劫，回到英国后成了英雄。事实上，英国人的英雄和强盗往往是一体两面，比如后来的"纵火狂魔"额尔金，就是他烧了圆明园，他爹打劫过帕特农神庙，属于打劫世家。他们在英国就是英雄父子，属于英国的独特文化。

据彭慕兰①测算，英国早年投资东印度公司等海外贸易公司的盈利非常低，但是投资海盗业务的盈利能达到每年分红60%（一开始海盗业务收益高，后来大家都升级了武备，收益开始有所下降）。

英国史专家有一个观念，如果不是海盗贸易特别赚钱，英国根本不想参与海洋业务。海盗活动成就了大英帝国的海上霸权。

英国在16世纪初那会儿的整体风格和中国一样，都鄙视商业。当时的英国贵族们都是土地贵族，都是些地主，非常讨厌商业，后来土地贵族和商业贵族相互拉锯了几百年。

英国新教一开始也非常讨厌商业，认为商业是导致人堕落的

---

① 彭慕兰（Kenneth Pomeranz，出生于1958年），美国著名历史学家，"加州学派"代表人物。

原由。

英国的商业基因和他们的海洋基因一样，都是后来在海洋贸易中赚钱后才具有的。

说到这里大家可能纳闷了，西班牙人就那么愚蠢吗？为什么不在自己的商船上也装上大炮？其实他们也装了。但是这里有个问题，可以通过成本核算来推断，也就是说，只要你拉的是香料、金银、皮毛和其他高级纺织物，对方就有足够的动机来围攻你，而且肯定是多艘，只要收益大于成本，到时候依旧打不过。

那么西班牙的商船结队而行呢？也不是不可能，事实上后来西班牙商船都是结队的，但是道高一尺，魔高一丈，英国和荷兰私掠船也升级成了海上打劫舰队。在这种情况下，海上就出现了一种均衡，英国人维持海盗船的成本越来越高，因为对方也装上大炮了嘛，同时西班牙人的利润也在下降，很快的，双方利润慢慢趋同了。

西班牙人从发财那天起就开始打仗，跟欧洲打了个遍，就没有谁没被西班牙人打过。而且它又比较弱，败多胜少，很快贸易就进行不下去了，到后来陷入了一种境地，军费太高还不上钱，帝国实在是承担不了这么高的军费，西班牙王室时常破产。至此，英国和荷兰海盗一起打劫一个敌人的好日子结束了，因为敌人倒下了，海盗从两极对抗变成了列国纷争，海盗事业也就进入了一个新阶段。

二、什么是海盗

先说一个大家容易忽视的问题，就是电影《加勒比海盗》里的情节在现实世界中基本不存在。倒也不需要什么深刻的历史知识，其实大家想想就知道。我们以往理解的海盗，往往把他们理解成了一个拦路抢劫的武装团伙，其实这个思维模式问题很大，就跟把火箭理解成一个"大号二踢脚"一样不靠谱，模式错了，结论自然离题万里。

海盗船是个依赖国家的复杂系统。

首先一艘海盗船由三部分组成，一是军舰，二是武器，三是补给。这三样在16世纪到18世纪都是"国家工业产品"，当然现在也是，没法从普通作坊搞出来。

首先军舰就不是普通作坊能做出来的，需要国家造船厂对着图纸才能生产。前期投资大得很，普通人根本没法找个地方偷摸就搞起来，而且搞起来以后得维持产能，那么多工匠总不能闲着吧。而且有依赖关系，比如它需要旁边有沥青作坊，不然船没法密封，还需要附近有橡木产地、铁匠铺等。欧洲当时往往是一个城市维持着一个造船厂。

其次是武器，海盗船最起码得有几门炮吧！大炮从古至今都是重要的战略物资，土匪都是骑马持枪打劫，有几个拖着大炮打劫的？大炮从来都是从帝国军备仓库拖出来的。

上边这两样还可以从别的地方抢，比如一个军官开着军舰叛变成了海盗，但是补给船得定时修补，水手得上岸休息，大炮得重新加装炮弹等，所以他们得停到一个港口去。这个港口必须吃水深，不然船靠不了岸，最好是个海湾，可以防大风。而且岸上有军火库，可以补充弹药，还得有修船厂，最好还是不冻港，符合这几点的地方其实并不多。在大航海时代，能同时满足上述条件的港口，早被列强海军盯上了。

就算补给的地方不是海军的地盘，这种基地一般都小不了，非常招风，特别容易遭到捣毁。比如明朝朱纨平海盗，第一件事就是去砸了海盗窝，不过他没想到海盗跟朝中重臣有千丝万缕的关系，没过多久他就被杀了。

也就是说，如果是一艘朴实无华的海盗船，就会面临一个大问题，没地方修补船只，没法补给炮弹，抢到东西后没法兜售。说到这里大家就明白了，难道历史上所有的海盗船都是海军军舰？不敢说全部，但是比例相当大。比如历史上著名的基德船长，他就是英国的帝国海军舰长，后来被船员胁迫抢了东印度公司的一艘货船，很快就被发现并被通缉。他的船员立刻跑了一大半，毕竟船员家属都在英国，英国当时的法律极其严酷，没有许可私自当海盗的，英国政府有一万个办法惩罚你。船员跑光后的基德船长去纽约自首，随后被关入地牢，遭到残酷折磨，随后被绞死。

海盗船全是国家认证过的，让他们抢时他们才出去抢，其他时候当商船。也就是说，在19世纪以前的欧洲，军舰、商船、海盗船经常是三位一体的。

商船平时做买卖效益不好时，就去打劫。如果国家遭到入侵，还得到海军那里报到，被编入舰队一起御敌，就算你的船上一门炮都没装，那也可以跟着舰队拉物资。海军出战时，后边往往跟着一堆补给船，拉着弹药和粮食之类的。英国一直有征调民船的习惯，比如"二战"中敦刻尔克那里的几十万败兵就是英国的各种渔船游艇跟着海军去给救回来的。

海盗船不是说想打劫谁就可以打劫谁，得去政府那里登记，政府会告诉你最近和西班牙关系不好，可以在什么海域打劫西班牙商船。现在大家知道为什么船上都挂旗了吧，那是给对面开过来的海盗船看的。

如果你不去找政府，随便出去打个劫，这事非常危险。比如你是一艘英国武装私掠船，跑去把荷兰商船给打劫了，荷兰人跑来要人，政府可能根本没想过要和荷兰闹翻，你的私自打劫就是挑衅行为，政府为了安抚荷兰人，可能就把你交给荷兰人了。

历史上比较传奇的"黑胡子"摩根，他是英国在加勒比地区的舰队副总督，日常打劫西班牙人。后来英国政府跟西班牙签约不再相互打劫后，他依旧率领队伍去打劫了巴拿马城，西班牙政府抗议，英国就把摩根抓回去准备吊死。不过英国国王和女王有个特赦的技能，一般为了感念对国家有功劳的罪犯，会使用这招，后来就用这招免了他死罪把他流放了。

海盗行为本身就是英国政府的行为，所以才会发许可证，拿到证件后你打劫完还得给国家分成，国家相应也会给你兜底。比如你拿了许可证打劫了西班牙商船，西班牙找过来时，女王会出面替你周旋，如果对方要升级事态，比如要开战，女王会动员大西洋上所有的英国军舰回国参战。当然也不是为了你跟西班牙打仗的，往往颁发私掠许可证的时候，国家已经在备战了，敢掠对方就不怕人找上门。

欧洲历史上轰轰烈烈的海盗们，都是各国的武装商船，一开始英国和荷兰是盟友，他们都被西班牙欺负，所以相互支持。英国、荷兰海盗拼命骚扰西班牙。后来西班牙被他们给弄下去了，他们又黑吃黑，互相签发私掠许可证攻击对方，而且签发私掠许可证也不是乱来，而是有针对性地签。比如英国、荷兰一度在印度尼西亚一带打起来了，但英国不会授权攻击大洋上所有的荷兰舰船，那样就成全面战争了，而是只授权攻击印尼那里的舰船，这样英国商队去那边的时候碰上荷兰船就会随手击沉，可以有效骚扰荷兰人在那一带的买卖。这属于精细的微操。

此外，人们认为加勒比海盗好像很盛行，其实就是因为加勒比是西班牙的核心利益区，英国、荷兰、法国都大量签发了在加勒比地区的"私掠许可证"，所以武装商船一进入加勒比地区就变成了海盗船，显得那地方全是海盗。

难道电影里的那种海盗完全就没出现过？一点根据都没有？也不是，历史上有一段时间出现过，有个地方叫拿骚（Nassau），在巴哈马，也属于加勒比海地区。这里有个大补给港，当时列强们打来打去，一度把这地方给漏了，这里一度出现过几十年的无政府状态，很多脱离了本国政府的海盗船聚集在这里闹腾。

不过并没有大家说的那样传奇，海盗由于弹药奇缺，只能是引诱商船在附近的礁石海域触礁。而且没玩多少年，这地方就被法国海军给灭了，随后又被英国占领，现在还是个大港口。

后来一些人根据上文说的这点内容大加演绎，包括我们看到的电影《加勒比海盗》的内容，如果细究，就能发现全是编的。

三、海盗的衰落

为什么后来没有海盗了呢？主要是因为后来大洋上"海盗玩家"越来越少，而且越来越暴力。这有点像天下大乱军阀混战，小混混都跑出来打劫一下，但是随着各种势力集团慢慢地兼并，后来涌现出来的大哥越来越能打，越来越不好惹，参考罗马、普鲁士、沙俄，都是这种"炼蛊"选出的最终大哥，人狠话不多，敢闹分分钟打断你的腿。

英国就是这样一个角色，不断地折腾别人，也折腾自己。

在这个过程中，英国把其他国家都打趴下后，高调宣传哪个国家要是再颁发私掠许可证，那个国家就相当于对大英帝国宣战。按照我们刚才说的逻辑，海盗一下子少了一大半，剩下的一些主流海盗，英国慢慢剿。

关键的一点是，技术后来有了突破性进展，大炮越来越厉害，口径越来越粗。众所周知，口径即正义，射程即真理。为了加强运输能力，英国不再在商船上加装火炮，所有空间都用来放货物，打海盗的事交给专业人士来解决，也就是帝国海军。

英国刚开始做海盗那会儿还有零星的游离于国家之外的海盗，比如一些军阀什么的也在支持私掠船。技术的进步让这些海盗在英国海军面前溃不成军，战事基本一边倒。

英国控制了所有的海上关键补给站，所以，如果惹怒了英国，那几乎是无路可逃。

就这样，海盗时代来得快，退潮也快，整体就是大英帝国的一个缩影，弱小的时候使劲瞎闹，能抢就抢，抢了就跑，怎么来钱快怎么搞。但是等到自己成了霸主，第一件事就是通过暴力灭了不守规矩的。

大英帝国是怎么栽在"帝国坟场"阿富汗的

阿富汗对于我们来说一直都是既熟悉又陌生，熟悉是因为近十几年来一直有它的消息，陌生则是关于阿富汗，我们又几乎说不出来关于它的很多细节。它给人的印象就是又落后又能闹，但是如果了解阿富汗这两百年来的历史，就会发现很多事情不是那么简单。

阿富汗在哪儿？它北边通过土库曼斯坦可达里海，东边有小部分跟我国接壤，西边通过伊朗可达波斯湾，南边可以通过巴基斯坦进入印度洋。

如果对地理和军事有研究，看到阿富汗的位置就会立刻反应过来：阿富汗是兵家必争之地。

事实上，如果一个国家有资源或者地处交通要道，那它怎么看怎么"欠揍①"。

在过去几百年中，资源型国家除了俄罗斯这样的国家，其他无一例外被暴打。如果资源型国家不同意发达国家的要求，就会被打成一片废墟，比如伊拉克；陆地上的交通枢纽被打了个稀巴烂，比如阿富汗。

回到1838年，已经成为日不落帝国并且引爆工业革命的大英帝国已经忍阿富汗很久了。此时的英国如日中天——德意志帝国那个时候还没成立，昔日的"海上马车夫"荷兰早已经通过四次英荷战争被打得跪地求饶，一度攻城略池的拿破仑也被英国纠集一群人给打回了原形，拿破仑禁卫军的熊皮帽子也被英国人抢过来戴脑袋上了，天天高调羞辱法国。

1812年，独立没多久的美利坚入侵当时英国的殖民地加拿大，英国人为了报复，1814年，一把火把白宫烧成了黑宫。白宫以前是灰不拉几的，被英国人泼上油烧黑之后，美国人一看实在忍无可忍，于是重新粉刷了一遍，刷成了白色，终于感觉好多了，也就是我们现在看到的白宫。

1812年，英国炮轰美国一个叫麦克亨利堡的地方，由于炮火太猛烈，美国人都吓呆了，一口气跑了个精光。一个美国战俘发

---

① 这里指遭遇战争、被侵略的意思。

现远处竟然还有一面破国旗，心潮澎湃，写下了《星条旗永不落》，后来它成了美国国歌，歌词中谴责了英国人对美国人的暴行："火炮闪闪发光，炸弹轰轰作响，它们都是见证，国旗安然无恙。"

此时的英国只有一个敌人，这也是欧洲历代崛起的大国共同的心病——沙皇俄国。

当初拿破仑不去进攻俄国，不是挺好吗，为什么要冒险呢？这个问题比较复杂也比较简单，简单地说，以俄国的战略纵深、资源广度、动员深度，你不去找它，等它准备好了打过来，那一切都晚了。而且当时的俄国侵略成性，所以拿破仑都在沙俄未完全动员的时候就开始进攻俄国，等到俄国后备力量顶上来，战争结局也就差不多了。

1838年，已经雄视全欧洲的英国面临的最大的一个问题就是俄国。当时的大英帝国作为一个唯利是图、基本不做赔本买卖的国家，自然不会傻到去直接进攻俄国，但是也得防着俄国扩张，尤其得防止俄国扩张到大英帝国的地盘上。当时大英帝国最重要的一块地盘，就是印度。谁敢染指印度，大英帝国就跟它拼老命，事实上后来英国支持日本崛起，也是防止沙俄从东边染指印度。

印度对于英国来说太重要了——英国为啥叫"帝国"，帝国这个词可不是随便用的，欧洲那些君主都是国王，皇帝只有一个，那就是罗马皇帝。后来罗马灭亡了，罗马灭亡前分成了两半——西罗马帝国的法统被东法兰克王国给继承了，后来又被奥匈帝国继承，他们也叫罗马，可以理解成一个低配版本的罗马。

上边说的是西罗马的事，不是还有一个东罗马？东罗马也被消灭了，东罗马覆灭前，有一个公主被沙俄娶走了，所以沙俄觉得，既然罗马没了，我这个罗马女婿自然堪当大任，继续当罗马皇帝。我们成天叫"沙皇"，其实这个沙皇就是俄语的"恺撒"，代表着"罗马皇帝"的意思。

令人难以置信的是奥斯曼，也就是那个灭了东罗马的国王竟然也加冕成了"恺撒"。奥斯曼突厥人也觉得既然我灭了东罗马，占领了君士坦丁堡，那我不是罗马你好意思自称罗马？所以就当仁不让地当上"罗马皇帝"了。

在某种意义上，"一战"前欧洲的各种斗争，其实就是三个帝国在争夺罗马的继承权。

英国人是没法当罗马皇帝的，不过中亚那一带还有个皇帝，就是波斯皇帝，这个传承关系复杂得很，最终传承到了印度的莫卧儿帝国手里。英国抢过来，英女王维多利亚在1877年把"印度皇帝"的王冠戴在了脑袋上。

严格意义上讲，从这个时候英国才成了"大英帝国"，而且是"印度皇帝"，之前是矮别人半截的"王国"，后来印度在"二战"后独立，英国又把这个皇帝头衔去掉了。现在的英国女王不是皇帝，是国王；英国也不是帝国，是王国。

当然了，印度对于英国人来说，远远不止是一个名号的事，更重要的是，印度是英国的原料产地、兵员产地和超级市场。

当初英国人从法国人手里抢下印度的时候，本来准备去印度卖布的。谁料结局非常惊人，布压根卖不出去，印度手工做出来的纺织品比英国机器生产的质量好得多，还便宜。

一向倡导"自由贸易"的英国人忍不了，跑去砸了印度的生产基地，把所有倒卖印度布匹的商人抓起来，终于逼死了印度纺织业，然后把棉花运回英国，用机器生产成布匹卖回来。

我在公司有一个印度的徒弟，他在印度接受过最好的教育，他说印度主流学术界认为印度发展得比较差，是因为被英国伤害了——英国统治印度期间，基本尽掠夺了，严重破坏了印度人的生产能力。

英国最重要的兵员补充就是印度兵，经常是一个连队全是印度人，再配一个英国军官。比如我们知道的第一次鸦片战争和第二次鸦片战争，其实英国人没来几个，全是印度人、尼泊尔人，后来还有澳大利亚人、加拿大人。当时在英国人的眼中，印度人不算人，英国几乎所有战报中的"我方阵亡××人"，说的都是英国人，至于印度人，鬼才知道死了多少人。

英军中的印度人以听话著称，一般英军军官让他们干什么他们就干什么，相当温和。据说印度士兵有个特点，一旦长官战死了，印度士兵就在那里呆呆地等死。

所以说，英国人形象地把印度变成"帝国奶牛"。早在18世纪，英国一年就从印度打劫几十亿英镑，印度贡献的经济总量占到了英国的近一半。有国民的奉献却没国民的待遇，在大英帝国统治时期，只有甘地那样的名门贵族才能算人，剩下的99%全是被忽略不计的、无视的人。

也可以这么说，印度基本上是把一切都贡献给了英国，而在当时的英国人眼里，印度跟他们特产的肉牛没什么差别。

总之，大英不能没有印度，没了印度的大英帝国，无论是从文化上还是经济上，立刻就被打回了原形。

印度这么好，既可以补充兵员，又可以当经济殖民地，人又好管理，即使本国发生大起义反抗英国，竟然也是印度人帮忙给镇压的。这一点全世界都注意到了，包括当时的沙俄。

沙俄对领土的野心基本是无法填补的，不过这种冲动早年并不明显，直到16世纪之后，被西方的地理大发现给刺激到了，俄国也想去东方，只是苦于没有良好的出海口。不过俄国也有自己的优势，就是从路上一直往东溜达，也能到达东方。

到了1580年，距离西班牙人发现美洲已将近一百年，并且已经发了财，甚至都破产了一次，俄国探险家才带着火枪和哥萨克骑兵，一直向东而去。

人一般都习惯在同纬度折腾，沙俄整个西伯利亚地区尽管冷，不过穿着厚厚的熊皮的俄国人非常舒适，也非常习惯。

沙俄的人尽管也怕冷，但是对于中亚的开拓比西伯利亚晚了两百多年，主要原因之一是受不了中亚的沙漠气候。

当然了，我们说一件事能长期坚持做下去，主要还是有利可图。俄国一直都在西伯利亚追狍子、打熊皮、养貂，收益不错。据估算，17世纪俄国在西伯利亚打狍子的皮毛业务最高占到GDP的30%。

欧美也一样，开拓海外殖民地有利可图，所以才坚持不懈地折腾了几百年。

沙俄在19世纪初，西伯利亚皮毛业务已经接近稳定，所以开始往西部扩展势力。随后势力扩展到阿富汗，阿富汗下边就是巴基斯坦，巴基斯坦当时还是印度的地盘，英国开始警惕了。

印度这个国家的地形很有特点，北方两大山脉，西边是兴都库什山脉，东边是喜马拉雅山脉，两山中间有个狭长的走廊叫开伯尔山口。历史上游牧部落每次从这个山口进入印度，全印度无险可守，就会被奴役一次，每次新来的游牧部落就后来居上，成了更高种姓，地位最低的就是印度本土的土著。

眼看着沙俄一步步蚕食中亚，并且和阿富汗开始搞经济合作，英国准备先下手为强。1839年，英国找了个借口，三万英军从开伯尔山口攻入阿富汗。

阿富汗当时的军队是民兵水平，没法打大规模阵地战，而且沙俄没有跟英国硬杠的心理准备，丢下阿富汗就跑了。阿富汗基本没抵抗，首都就被攻陷了。

到了1841年，阿富汗人民越来越反感英国，终于爆发了大起义。

阿富汗这个国家全国基本都是山地，绝大部分领土都属于兴都库什山脉。"兴都库什"就是"杀死印度人"的意思，从这个词里大家也能体会到印度人和阿富汗人的"传统友谊"。

现在我们看新闻也能了解到，纯机械化的美军在阿富汗也装备了骡子和驴。美军在阿富汗山区非常容易被伏击，被打冷枪，阿富汗人的战斗力让美军吃尽苦头。

1841年起义爆发后，成千上万的阿富汗人举刀带枪去砍杀英国人，英国人的先进火器只有结成空心方阵，严阵以待才有优势，以当时的填装速度，混战中根本没有一点优势。大批英国占领军被阿富汗人砍碎，3万人被砍死1万多，剩下的1.6万人绝望地出逃，向开布尔山口狂奔。

这次死亡行军的沿途成了修罗场，随军的印度军人眼看形势不对，赶紧倒戈跑阿富汗那里去了。倒戈的印度人和成群结队的阿富汗人冲杀英军军营，一路成片地死伤。

当时阿富汗人使用一种细长的土制步枪，他们叫"杰撒伊"，枪管很长，填装很慢，但是射程非常非常远，达到457米。这种枪不适合两军对战，但适合猎杀，属于猎人装备，而英军装备的制式步枪射程只有137米，所以阿富汗人藏在山里基本对英军呈现出单方面的屠杀。

到最后，只剩下一个医生，抱着被砍掉的一只手跑回了印度，向英国报告三万阿富汗远征军全军覆没。当时报纸上登出来的消息非常煽情，说是英国指挥官问奄奄一息的医生："你的部队在哪儿？"医生回答："我就是全部的部队。"

当时英国战败的消息传到欧洲，全欧洲大哗，股票和债券应声大跌。

英国人是一个村、一个郡的士兵编在一起。那一仗中，一个苏格兰军团全军覆没，对应的那个苏格兰地区家家戴孝。所以，英国在帝国时期代价也非常大，并不是稳赚不赔的。

第二次英国和阿富汗的战争跟第一次战争结果差不多——沙俄和阿富汗结盟了，英国又感受到了一股来自北方的威胁，于是警告阿富汗不准结盟，被阿富汗拒绝后英军就打上门了。这次沙俄又跑了。不过据英国说，阿富汗装备的步枪和大炮不像是阿富汗自己的，应该是沙俄给的。

跟第一次英国和阿富汗的战争差不多，阿富汗正规军一触即溃，但是英国在随后汹涌的游击战面前并没有好的方法，走哪儿都有冷枪，小队出去巡逻经常是有去无回，尤其是在一个叫梅旺德的地方，爆发了一场大规模决战，英国阵亡了一千多人。

英国流血太多，所以英国逼迫阿富汗政府签约统一出让外交权就赶紧跑路了。

英国为什么要外交权？防止阿富汗跟着沙俄跑了。英军损失了两亿英镑的战争费用之后，赶紧收拾行头回印度去了。

一般认为这次战争后阿富汗变成了英国的经济傀儡。整体来说，当时的阿富汗政府表现很差，但是人民都是暴脾气，发起飙来连英国人都敢砍。英国也受到了教训，领略到了近距离白刃战和狙击手的恐怖。

这次战争之后，英国和阿富汗都消停了，因为沙俄在1853年的克里米亚战争中被英法联军击败，从那以后不想再惹英国了。英国也去忙别的事了，比如专心致志地扶持日本，用日本人来防俄国。

直到1919年，第一次世界大战结束，各国民族主义情绪高涨，都想独立过日子，阿富汗人民希望把四十年前出让的外交权要回来，希望废除一切不平等条约，这下又把英国激怒了。

英国在"一战"中伤筋动骨，一代年轻人被打了个精光，而且"一战"中英国大量工业已经转移到美国、德国，战争巨大的消耗迫使英国变卖海外资产来还债。

"一战"后各地又开始蠢蠢欲动，印度也不服管了，欧洲也不再把它当大哥了。这时候英国必须把冒头的阿富汗人给打下去，不然大家都起来闹事就麻烦了，尤其是印度。英国不能没有印度，所以要杀鸡给印度人看，于是英国不顾疲劳，3.4万大军攻入阿富汗。

不过这场战役中英国疲态尽显，从始至终在旁围观的印度人开始越来越看不起这个大哥。跟前两次阿富汗战争一样，阿富汗政府军主力正规战依旧不行，但是几乎不间断的游击战让英军苦不堪言，尽管有空军助阵，依旧打得非常费力。

战争过程中，英国人发现阿富汗人装备的大炮射程竟然比英军的都远，而且在缴获的步枪里发现了美国制造的春田狙击步枪。英国一看就明白了，这是"一战"中当初美国支援英国、英国支援给俄国的武器，被俄国拿来给阿富汗用了。

俄国人在背后捣鬼，印度越来越不稳定，英国人果断割肉止损，把外交权还给阿富汗，双方不打仗了。

一般都认为三次阿富汗战争英国都失败了，只有第二次有点争议。不过阿富汗并没有凤凰涅槃，反而因为地理环境差等因素，如今还处于落后的状态，唯一值得骄傲的就是前后耗趴下了三个超级大国，成了当之无愧的帝国坟场。

七十年的战争对大英帝国来说是一笔巨大的开销，死了4万多人，损失了几十亿英镑，而且阿富汗战争结束没多久，昔日辉煌无比的大英帝国就此日薄西山，在"二战"后被美国从背后捅了一刀，彻底被打回了原形。

大英帝国在布尔战争中的"悲惨"往事

布尔战争，是一个一百多年前人们耳熟能详、如今鲜为人知的词。正是布尔战争让不可一世的大英帝国疲态尽显，随后被群狼撕扯，最终一步步走下了神坛。

故事的起源还是要从大航海时代说起，1453年奥斯曼土耳其攻陷君士坦丁堡，堵塞了东西方贸易之后，伊比利亚半岛上的西班牙、葡萄牙分别朝着两个方向去探寻新航道。西班牙一路向西，哥伦布的舢板跨过大西洋，找到了美洲大陆，随后跨过美洲，到达太平洋，从东方到达中国。葡萄牙人一路向南，绕过了非洲的好望角，然后成功抵达了印度，开创了葡萄牙路线。

先提一个知识点，包括现在美军11万吨排水量的航母，都没法在海上放飞自我随机漫游，而是从一个基地溜达到另一个基地，所以这条航线看起来是一条线，其实是一个接一个的点。从一个中转站出发，带足啤酒、饼干、淡水，去下一个中转站，现在大家也就理解了为什么茫茫大洋，两支舰队还总能碰得上，背后有个逻辑：舰队不能脱离港口太久，航线也大体是固定的。

而好望角就是最大的一个中转站，在苏伊士运河凿开前的近三百年，好望角航路成为欧洲人前往东方的唯一海上通道，谁控制了好望角，谁就控制了东方航线。

到了1652年，也就是葡萄牙控制好望角近150年后，新崛起的海上大国荷兰开始殖民好望角那一带，并且不断地往那个地方派驻荷兰人，通过给过往的船队供应蔬菜、淡水，修补船只赚钱。后来欧洲混得不得意的人大量地迁居到这里来，有德国人、法国人。这些人通婚后生下的后代就是后来的布尔人。现在的南非还有很多白人，就是那些人的后裔。

在随后的日子里，"眼见他起高楼，眼见他宴宾客，眼见他楼塌了"，昔日的"海上马车夫"荷兰面对咄咄逼人的新崛起的英国人逐渐显得力不从心。英国人有个特点，就是"走自己的路，让别人无路可走"，对别人狠，对自己更狠，把国内的异教徒赶到贫瘠的殖民地，让他们和那里的土著互相厮杀。资本家对工人残酷到令人发指的地步，而且严刑峻法，偷面包会被砍手，动辄流放。在这种近乎自残式的持续发力下，英国人在漫长的三百年里先后击败了西班牙、葡萄牙、法国，一步步问鼎世界顶级强国。

17世纪到18世纪期间，英国、荷兰之间爆发了四次战争，史称"四次英荷战争"。荷兰是一个商业国，人口又少，本来工业规模就没法跟后起之秀英国相比，国内的资本家认为荷兰就不是英国人的对手，暗暗地支持英国。四次英荷战争完全是消耗战，每次战役结束双方都伤筋动骨，不过英国的恢复能力强得多，直接把荷兰人给打败了。

荷兰人被打败后，拿破仑带着一堆法国人到处折腾，英国组织了七次反法同盟，直到把法国打败。这时候地球上没人敢惹英国人了，好望角这时候也归英国了。

英国一直有个问题，也是所有大国共同的问题，国内人太多，到处移民，占领好望角后，大量的英国人移民来这里经营。在这里定居的布尔人不太爽，一部分就离开好望角那一带，搬到非洲腹地，成立了后来跟英国一直闹腾的德兰士瓦共和国和奥兰治自由邦，就在现在的南非约翰内斯堡那一带。

非洲内地并不是我们想象中的无人区，而是遍布非洲土著，这些新移民和土著展开了长期而残酷的武装斗争，在斗争过程中，布尔人练就了非凡的战斗技能，战斗成了他们的基因，为他们后来跟英国两次血拼奠定了基础。

但是乔迁到内地的布尔人还是太年轻，误以为英国人会让他们安静地去非洲内陆做个土财主，没想到英国人尾随而至，要求收税，由于布尔人在占领区内还在和土著战斗，没法同时抵挡两个对手，于是就服输了。

土著人被消灭以后，布尔人又有想法了，想独立，这不难理解。随后在1880年第一次布尔战争爆发，强悍的布尔人全民皆兵，在一个叫马朱巴山的地方爆发了大规模混战，英军大败，伤亡了几百人。英国人是最讲究计算成本的国家，稍微一计算，就发现在这个鸟不拉屎的地方继续流血一点道理都没有，果断签约不打了，承认了布尔人建国。

但是好景不长，事情慢慢地起了变化，有两件事开始一点一点地改变了全局。

首先，就在合约签订没多久的1884年，布尔人的地盘上发现了史上最大的金矿，无数的淘金者蜂拥而至，硬是在一块荒漠上建起了一座大城市，也就是现在的南非首都约翰内斯堡，布尔人一夜暴富。既然发现了金子，而且那是个巴掌大的国家，全国白人总人口才5万人，英国自然眼馋羡慕。

其次，德国崛起了。跟英国、西班牙这些老牌帝国主义不一样，德国其实崛起得非常晚。19世纪初，英国已经爆发了第一次工业革命，成为一等一的强国，1804年拿破仑加冕皇帝之际，德国人还是分裂状态。正是在反对拿破仑的过程中，德国人民族、国家意识觉醒。德国人觉得大家既然都是德国人，是不是应该一起过日子。随后经过一系列复杂的操作，德国在1871年统一成了一个国家，过渡到了工业化的封建社会。与此同时，大洋彼岸的日本和清朝也在折腾，都尝试实现工业化，后来日本成了，清朝没成。

德国迅速崛起，对老牌霸主英国的敌意越来越大，这种敌意倒也不是什么个人恩怨，而是殖民地被英国抢先占了，搞得德国发展乏力。利益会让人发疯的，而且布尔人本身就有很多德国移民，在挖金矿过程中需要很多现代工具，比如炸药、小火车什么的，都是从德国、法国购买，相当于布尔人一方面跟德国人有血亲关系，另一方面又是生意伙伴，简直是亲上加亲。听说英国人要找布尔人麻烦，德国人非常冲动，大规模向布尔人兜售先进武器和装备。

英国人此时也非常郁闷，大有大的难处，一旦成为老大，就被所有的国家当作假想敌：沙俄也蠢蠢欲动，到处煽风点火，蚕食英国殖民地；法兰西雄鸡一直有着跟自身实力严重不搭的野心；现在又崛起了"以武立国"能打能生产的德国，英国要想维持老大地位，就必须维持能直接击败老二、老三的军备。当时的军备竞赛已经进入了新时代，德国和英国都在修耗费巨资的"无畏级"战列舰，德国生产一艘，英国目标是两艘（其实最后有一艘只完成了一半），疯狂军备支出几乎耗到大英帝国吐血。

到了18世纪末，英国已经发现制造业赚钱太慢，开始把工业转向美国、日本等国家，学习荷兰人到处发展金融资本主义，毕竟金融赚钱快。强大的大英帝国，国内逐渐剩下两样东西：世界第一的军备和一堆投机倒把的金融家，国家变成了军队保卫的银行。这种情况下，为了黄金打仗实在是有理有据。

就在1899年，大英帝国和布尔人打起来了。战争刚开始的时候，全世界都觉得巨锤砸蛋，一击必杀，没想到事实上非常不顺利。

一开战整个布尔区就变成了杀戮战场，装备了德国人生产的最新毛瑟步枪的布尔人，以及全世界同情布尔人的志愿者们组成猎杀小队，化整为零，利用南非复杂的地形对英国的线列步兵展开各种袭击，一次次围杀英国孤军，英国援兵一到，布尔人便拖着大炮和机枪跑了个无影无踪。布尔人充分发挥了游击战的价值。

后来丘吉尔在那个著名的演讲中讲道："我们将在田野和街头作战，我们将在山区和丛林作战，我们将在敌人登陆的任何地点作战。"其实说的就是他在布尔战争中的所见（丘吉尔在布尔战争中被俘过）。

为了对付布尔人的游击战，英国人和后来的日本人一样，开始搞碉堡战，架设铁丝网，制造无人区、绥靖区，实行连坐制、保甲制，还有英国版的"三光政策"和"焦土政策"，并且开始首创"集中营"，把布尔人的妇女和黑奴全圈起来。在英国之前，美国内战中的美国人也搞了"总体战"，谢尔曼杀入南方，一路烧杀抢掠，火烧亚特兰大。现代国家在内战中搞"三光"，美国人是首次。

到了1902年，布尔区被打成了废墟，四分之三的布尔军主力已经被消灭，但是剩下的都是久经沙场的老兵，一个布尔军老兵顶五个英国兵。英国人在南非维持着30多万的占领军，印度人、澳大利亚人、新西兰人都被送到南非流血，印度的甘地就曾在英军中服役。英国耗掉了2亿多英镑军费，阵亡了2万多人，国内越来越烦躁，最后终于坐下来议和了——南非做英国的殖民地，金矿归英国金融寡头，英国出让一部分自主权以及贷款给南非恢复建设。

布尔战争之后，英国的财政和陆军颓势尽显，扩张成本大到不可接受，也迎来了新崛起的大国支持殖民地反对英帝国的新时代，全新的带有封建色彩的工业国德国也越来越不安分。

英国陆军在全世界军事观察团那里成了笑柄，以至于俾斯麦曾被问道，如果英国陆军在波罗的海登陆，德国将作何对策，俾斯麦说："我将派出警察去逮捕他们。"

目睹了英国在南非极差表现的德国变得越来越狂躁，随时准备出去打劫。军备竞赛进一步升级。

英国无力自己出兵在亚洲干预俄国，只好放弃"光荣孤立"，培养日本这头"亚洲狼"，为日后的反噬埋下了伏笔。随后为了应对德国挑衅，英国加入了协约国。

至此，爆发世界大战的两大因素——军备竞赛和联盟体系已经集齐，这两因素一步步把世界推入了大战的深渊，大英帝国的黄昏也就到来了。

英国人给自己挖坑，然后被折磨到崩溃

一、互相鄙视的英国人

有些事，不去英国是不会知道的。

多年以前，我还是个青涩的少年，第一次去英国，一路上都在寻思一个世纪难题：怎样表现才能让自己像是经常坐飞机。正好边上坐了一个大叔，非常友好地跟我聊了一路。

当我问到一个问题，我说你们英国人（我当时用的是English，本来想用British，后来才知道幸亏没用这个词）比较忌讳什么，我注意下。

大叔立刻就不爽了，他说，什么？英国人？谁是英国人？别跟我说英国人。我们苏格兰人最鄙视英国人，英国人全是傻瓜，跟他们不熟。

当时我就蒙了，你们英国不是由四块组成的吗？英格兰、苏格兰、威尔士、北爱尔兰，你们苏格兰人怎么就不是英国人了？

后来在那边待了一段时间算是明白了，原来英国领地内的这几伙人不仅风格完全不搭，而且互相憎恨，互相讨厌，根本不觉得对方是自己人，也不觉得互相之间是同一个国家的人。

比如我的英格兰朋友，跟我说他们英格兰人就瞧不起苏格兰人。至于爱尔兰人，大家可以注意下，很多英国人听到"爱尔兰人"这个词就会不自觉地嘴角抽动，就跟他听到不舒服的事物一样，比如我不止一次听他们说："你又不是爱尔兰人，你怎么能喝那种猫尿呢？""这是爱尔兰人都干不出来的事。"

英国不同区域的人到底咋回事，有什么不可告人的心路历程让他们的内心如此互相鄙视？

二、几个世仇竟然捏在了一起

找一张英国地图，你能从上面看出来，英格兰人占领了右边大岛最好的平地，把苏格兰人和威尔士人赶到山里去了。英国有三个岛（除了两个大岛，中间还有个小岛，叫马恩岛，合起来叫英伦三岛），本来都是凯尔特人的地盘，后来来了盎格鲁—撒克逊人，把土著凯尔特人赶到山里去了。

一般来说，住在山里的民族大部分都有一段曲折的往事。

盎格鲁—撒克逊人也是北欧日耳曼人的一支，跟德国人的关系就好像历史上宋朝的女真人和明朝的后金人一样，是同一伙人不同部落不同时间上的不同称呼。

英伦三岛上的人从一开始就埋下了仇恨。

威尔士是最早被英格兰征服的。1536年，英格兰和威尔士通过《联合法案》，两者彻底联合。

历史上苏格兰和英格兰一直都是敌对关系，而且苏格兰一直和法国保持着良好的关系，长期联姻。了解英法历史的人都知道，英法是世仇，苏格兰帮着法国，所以历史上英格兰和苏格兰之间一直没什么感情，仗倒是没少打。

至于爱尔兰，从来都和英格兰不是一条心，英格兰打了几百年才把爱尔兰彻底征服，历史上，英格兰把爱尔兰人饿死了几百万。

他们的宗教信仰不一样，苏格兰和爱尔兰都是天主教的地盘，英格兰和威尔士却是新教的地盘。

清教徒跑去北美种地的原因也是受不了跟那些宗教异端待在一起。

英国内部那几个地区之间打了数不清的仗，比如大家熟悉的《勇敢的心》，讲的就是苏格兰英雄华莱士，他成名于对英格兰的战争，一度被封为苏格兰护国公，被英格兰人抓到后残忍地处死了。

后来英格兰足够强大，摁住了苏格兰和爱尔兰，但是那俩从来没觉得自己跟英格兰是一伙的。

英格兰是在1601年和苏格兰合并的，起名叫大不列颠王国。大不列颠这个词说的就是英国右边最大的那个岛。

1801年，大不列颠又吞并了爱尔兰，起名叫"大不列颠及爱尔兰联合王国"。这里就出现了我们今天要讲的问题，那时候和现在的名字"大不列颠及北爱尔兰联合王国"之间差了一个"北"，北爱尔兰现在还在英国，后来爱尔兰独立建国了。

三、爱尔兰人的抗争

从12世纪开始，英格兰人有空就去攻打爱尔兰人。爱尔兰人从一开始就比英格兰人落后一些，从那以后一直被压迫，所以一直没太发展起来。

合并后，爱尔兰人反抗不断，英国人就一直镇压。

英国人在北美吃过一次亏，英国人当初不小心让美国人发展起来了一点制造业，没想到美国人后来急吼吼地离家出走了。在那之后，英国对爱尔兰进行了彻底的去工业化，爱尔兰连一块马蹄铁都生产不出来，更别说生产步枪了，因为没枪就没法反抗了。

后来在1845年，就是英国跟清朝的第一次鸦片战争刚打完，发生了我们上文说的爱尔兰大饥荒，英国政府倒是也做了些救助工作，不过远远没尽力，女王自己捐了一千英镑。

爱尔兰死掉的和跑掉的人占到总人口的四分之一，血海深仇就此结下了。

1845年爱尔兰发生饥荒，1848年爱尔兰就爆发了起义，尽管英国当时随手就控制了起义，但是爱尔兰人从那以后彻底跟英国决裂了。起义失败后参与起义的高层除了被处死的，剩下的都跑到了法国和美国，继续闹腾。

后来德国崛起，爱尔兰人一直和德国人混在一起，德国人一度还运送军火给爱尔兰人，准备帮助爱尔兰人闹腾。

随后"一战"爆发，英国准备加入协约国去打德国人，而爱尔兰人商量要跟着德国人跑，不过被英国人发现了，爱尔兰人没跑成。

尽管第一次世界大战中爱尔兰人没跑掉，但是战争中英国也被耗到喘不过气来。"一战"刚结束，1919年，爱尔兰人又起来闹。

这次爱尔兰人成立了义勇军，一鼓作气，通过城市游击战袭击英国政府官员、军人、警察，工人罢工，不给英国政府搬运物资。

爱尔兰人修改了策略，不像之前那样武器不行还正面杠，这次从美国和俄国买了武器后专门搞暗杀和游击，天天袭击英国在爱尔兰的官员和警察，双方一度杀红了眼。丘吉尔在回忆录里说，单是在1919年，爱尔兰就发生了1700次针对英国政府的袭击事件。有些事情属于严重恶性事件，比如有一个晚上，警察遭到伏击，当场被打死十几个，剩下两个重伤。另一个早上，有十几名官员同时在上班路上被枪击，导致英国在爱尔兰的官员早上不敢出门。还有一次，爱尔兰游击队一口气处死了十几个英国情报部门的特工人员，作为报复，英国军人对着正在看球赛的爱尔兰民众开枪，当场打死十几人，打伤几十人。这件事被称为"血腥星期天"。

英国情报部门逮到游击队后为了逼他们供出同伙往往无所不用其极，同样的，情报部门的人被抓到之后也会有"特殊待遇"，死得非常惨。

大家看《英伦对决》，剧尾的时候能看到英国情报部门的人对那个女共和军行刑逼供后，把她当场射杀了。这部电影非常写实，因为这是一百年来英国情报部门对爱尔兰共和军一贯的做法。当然了，他们被爱尔兰共和军逮到也是这样的下场。

英国人和爱尔兰人双方在那些年相互报复，互相处决，双方的手段都骇人听闻。到了1921年，三年的城市游击战把爱尔兰弄得千疮百孔。爱尔兰人承受了巨大的压力，而英国人也抗不住压力了，开始思考爱尔兰要是想走就走吧，正如当初美国要走，英国也放手了。这次也一样，准备放手。

不过英国人放手的时候向来有个窍门，就是"分而治之"。爱尔兰的北方六郡人口主要是英格兰移民过去的，信英国国教，这些人不想离开英国。南方二十六郡是爱尔兰本土人，信天主教。所以英国政府出了个方案，把爱尔兰分成两块，一块是爱尔兰北方六郡，这六郡继续跟着英国，也叫"北爱尔兰"。天主教聚集区的二十六个郡分裂出去，成了自由邦，过了一些年才彻底独立。英国也从这个时候改名叫"大不列颠及北爱尔兰联合王国"。

这个协议的签署传到爱尔兰，大家一片欢腾，毕竟英国做出了让步，长达七百年的独立运动终于有了结果，能争取到这个地步已经很让人感动。但是还有一部分人非常不满，他们要的是三十二个郡的爱尔兰全岛都独立出来，现在争取到二十六个算什么？他们声称，只要爱尔兰全岛一天不统一，战争就不结束。这伙人就是后来的爱尔兰共和军。

四、恐怖主义的崛起

爱尔兰共和军搞恐怖主义并不是战争一结束就开始搞，因为独立后的爱尔兰自己先打起来了。矛盾的核心是"到底应不应该接受条约"，正反两派迅速武装起来，然后相互攻击。

内战中的爱尔兰人对待自己的同胞比当初对付英国人手段更狠。相互处决战俘，把战俘推到地雷池里炸得粉碎，后来太激进，把爱尔兰国父都给打死了。

北爱尔兰六个郡继续跟着英国，这六个郡里天主教和新教教徒极端对立，相互之间也冲突不断。就这样，和平协议签署后，整个爱尔兰又乱了。都柏林和贝尔法斯特上空阴云密布，共和派和自治派、天主教和新教打得不可开交。

不过当时人心思定，大家也不愿意支持两伙人互相冲突，慢慢地他们互相挠了一段时间发现没人捧场，也就散了。

随后近四十年，爱尔兰共和军的统一事业转入低谷，因为人心思定，而且英国经济在战后强劲复苏，南爱尔兰人并不关心北爱尔兰人，北爱尔兰新教教徒占据绝对优势，也不想跟南爱尔兰统一。没人支持爱尔兰共和军，他们也就只能零星搞点破坏，一度从世界各大新闻中消失了。

直到20世纪70年代，爱尔兰共和军风声再起。原因倒也不复杂，20世纪70年代资本主义世界发生了严重的"滞胀"。了解经济学的人都知道，一般失业率和通货膨胀不会同时高涨，但是当时两个指标竟然奇迹般地同时高涨，原因也不复杂——美国在越南花钱太多，入不敷出，国债高起，影响了整个西方经济体，而且发生了"石油危机"，整个资本主义世界在20世纪70年代发生了大幅衰退。全球经济的衰退影响了爱尔兰，失业率高涨，大家极其烦闷，就开始找原因，找来找去，就觉得是"宗教异端"在捣乱——这是全世界的通病。

失业率高一直以来都是暴乱的导火索，比如大家熟知的叙利亚问题，起初都是失业率引发问题——北爱尔兰新教徒比天主教徒多，双方都觉得自己没工作是因为对方在排挤自己，于是很快就出事了。1968年10月5日，爱尔兰民众游行，被警察用警棍当场打伤77人，激化了矛盾。

事件随后演变成两派教徒堆街垒，互相扔燃烧瓶，拿着枪互相射击，英国政府紧急派兵到北爱尔兰参与镇压。

到了1972年1月30日，天主教徒走上街头抗议政府对他们的压迫，英国军队当场开枪打死13人。

随后的很多年，又出现了新一轮的反抗高峰，英军和爱尔兰共和军的人相互伤害，流程一般是这样的：爱尔兰共和军一次次在英国核心大城市发动袭击，英国情报部门展开反击，往往杀一堆抓一堆。被抓的这伙人在监狱里搞绝食，经常一次绝食能长达四十多天，每次都能饿死一堆，这批饿死后下一批继续开始，史称"接力绝食"，前赴后继。全世界各大媒体争相报道，世界各国都点起蜡烛给英国施压，包括美国的天主教联盟、罗马教廷，以及各种民间组织。

往往在绝食期间，北爱尔兰的天主教徒被这帮绝食的人煽动起来，贝尔法斯特等北爱尔兰的大城市几乎每天晚上都爆发大规模冲突，天主教徒和警察各种厮打，英国政府真是有点扛不住了。

在1979年，爱尔兰共和军干出来一件大事，他们把蒙巴顿勋爵给炸死了。

蒙巴顿是英国当时的国宝、女王的叔叔。他一生风生水起，对自己的运气非常迷信，有着无比强烈的自信心。他经常去北爱尔兰那一带钓鱼，当时情报部门和警察都警告过他注意安全，蒙巴顿笑呵呵地说如果爱尔兰人敢碰他，他就要用鱼竿教训那伙人。不过自信过头了，那天他带着自己的孙子去船上的时候被引爆的炸药炸死，他孙子也被炸死了。

蒙巴顿被炸死的消息传到撒切尔夫人那里，她目瞪口呆。就在当日，爱尔兰共和军针对英国陆军发动袭击，当场打死十几个人。

手拿AR-18的爱尔兰共和军军人又一次拿下了全世界的各大头条，那把AR-18也成了知名的"寡妇制造者"。

撒切尔夫人的一个特点就是强硬，死活不向爱尔兰共和军屈服，这种强硬为她赢得了身前身后名。不过代价之大也可能超过了她的预期，1984年爱尔兰共和军针对她本人执行了一次刺杀，所幸没炸到她。

撒切尔夫人自己的名誉也因为在任期间的强硬操作蒙上了厚厚的一层尘埃。在英国，撒切尔这个名字一般能不说就不说。

不过这才是开始，随后的几十年里，爆炸不断。最严重的一次发生在1996年，爱尔兰共和军在曼彻斯特市中心引爆了1600公斤的爆炸物，爆炸竟然形成了蘑菇云，毁掉了曼彻斯特市中心的三分之一。

最后，英国政府说既然北爱尔兰的天主教徒这么不喜欢英国，那你们北爱尔兰投票吧，看看愿不愿意留在英国，如果不愿意就赶紧走吧。天主教徒都觉得滑稽——北爱尔兰150万新教徒，50万天主教徒，新教徒都喜欢英国，即使投票，也是留在英国。天主教徒当然不会投票。

五、不是尾声的尾声

北爱尔兰闹得这么凶，这种混乱的本质是经济衰退。如果解决了经济衰退，问题也就解决了一大半。

20世纪90年代，英国经济强劲复苏，问题逐步缓和。

另外，互联网经济的强势来临，也帮助西方走出了颓势，失业率开始下降。

英国政府答应让爱尔兰共和军的人进入北爱尔兰政府，一起参与决策，释放之前抓到的那些犯人。甚至之前炸死蒙巴顿的那个人也被放了，这个人说他不后悔炸死蒙巴顿，只是很抱歉炸死了船上的两个小孩。

至此，爱尔兰共和军才开始放下武器，进入政府。

《英伦对决》里那个爱尔兰共和军的男主角原型，竟然在给英国政府服务，就反映了这个背景——他以前是恐怖分子，一家人死了一大半，和平协议后他们封存了武器，进入政府，他也当上了官员。

英国脱欧的前生今世

想了解英国脱欧，我们就得讲清楚第一个问题：欧盟是从哪儿来的？

一、欧盟

称霸后的英国天天在全世界埋雷、挑拨离间、分而治之。英国的传统手段就是看你发展得有点失控，就在你边上安排一个对手，比如在法国边上扶持德国，在俄国边上扶持奥斯曼。

作为一个岛国，英国奉行所谓的"光荣孤立"，不过本着"强调什么就是缺什么"的原则，英国既不光荣，也不孤立，拉帮结派的事没少干，只是跟其他国家扯得都不太深，否则不方便日后翻脸。

从17世纪开始，英国朝着世界"一哥"的位子大踏步地前进，18世纪中期逐渐掌握了海洋霸权。这个时期，对英国威胁最大的就是拿破仑的法国。英国先后组织和领导了七次反法同盟，团结了沙俄和普鲁士，一起打败了拿破仑。

随着工业革命的深化，英国又成功领先世界一个段位。1840年，英国的工业产量约占世界工业总产量的45%，对外贸易占世界贸易总额的21%，风头一时无两。

之后沙俄开始往欧洲扩张，英国又跟法国结盟，把沙俄整治了一顿，这下沙俄老实了。

英国没想到这次轮到了德国崛起。1871年，德国统一了，成为欧洲新崛起的一极。同样地，英国肯定不会惯着德国。英国又和那两个世仇法国、沙俄结盟，组成协约国，和德国大打出手，把法国北部打了个稀烂，最终取得了第一次世界大战的胜利。

"一战"后大家开会分地盘的时候，英国又看法国不顺眼了，不愿让法国当欧洲大陆的"大哥"，所以又千方百计阻止对德国的进一步削弱，采取了扶持德国的政策，指望德国能争气点，起来遏制法国。

结果德国不但没被削弱，而且在美、英财阀的支持下，养出了纳粹，很快德国纳粹开始在欧洲折腾。眼看没法收拾，英国灵机一动，又想着祸水东引，让德国去攻击苏联。

随后的事大家也都知道，尽管第二次世界大战打赢了，不过英国的殖民地也都跟着美国跑了，"奶牛"印度也脱离了大英帝国，从此英国不是帝国了。

经过几个世纪的折腾，英国爱挑事的形象就在欧洲树立起来了，大家心里都跟明镜似的，对它提防三分。所以战后欧洲决定撇开英国搞事，在1951年，法、西德、意、荷、比利时和卢森堡六国组建了欧洲煤钢共同体。随后在各个领域加强了合作，到1967年，欧洲共同体正式成立，这就是欧盟的前身。效果也是非常好的，20世纪50年代，法、西德、意三国的GDP增长达到了5%，到了20世纪60年代，依旧保持在4.2%。

二、入欧

英国看到欧洲共同体发展得好，而自己每年只有二点几的增长率，馋得直流口水，便开始积极寻求加入。

时任法国总统就是大名鼎鼎的戴高乐，那会儿德国已经被拆解，说话没底气，欧洲大陆最强的就是法国，欧洲共同体的头目也是法国。

戴高乐是西方公认的刺头，美、英都讨厌他，他也讨厌美、英。戴高乐太明白英国的特点了，所以他从一开始就讨厌英国——英国你是美国人派来的"特洛伊木马"吧，想加入欧洲共同体？门儿也没有！等我什么时候不当法国总统了再说吧。

所以直到戴高乐去世后，在1973年，英国才加入欧洲共同体，正式成为其中的一员。然而英国加入后，刚好赶上了那几年欧盟GDP增长速度下滑，英国错过了欧共体的红利期。

英国人一琢磨这不行啊，本来是来占便宜的，怎么还成赔本买卖了，英国什么时候吃过亏？然后就搞了第一次脱欧。英国的意思很明显，疯狂暗示老百姓，英国倒霉（经济下滑）是因为加入欧盟，跟政府没关系。

欧共体内心也是崩溃的，刚开始扩招，就招进来这么个刺头，刚进来就要退出去，传出去影响不好。

欧共体赶紧问英国有什么意见，随后做出了一定的让步。英国人占了"按闹分配"的便宜，心态好了很多，在1975年的脱欧投票中，留欧派占了67%，英国第一次脱欧失败。从那以后，英国尝到了甜头，一言不合就脱欧，不给好处不罢休，欧共体也习惯了爱闹的英国。

不过这次欧共体也有自己的打算，尽管英国一直在闹，但有了英国的加盟，欧共体坐拥两个联合国安理会常任理事国，英国的军事实力又给欧共体加了一层保险，从此迈上了轰轰烈烈的扩张之路。1991年，欧共体马斯特里赫特首脑会议通过了

建立欧洲经济货币联盟和欧洲政治联盟的《欧洲联盟条约》，
1992年，《欧洲联盟条约》签订，1993年，《欧洲联盟条约》
正式生效，欧洲联盟正式成立。到2013年，欧盟的成员国达到
了28个。

欧盟一体化的深入体现在诸多领域，这也让欧盟的权力越来
越大。同时，各个成员国让渡给欧盟的权力也就越来越多，矛盾
逐渐就显露了出来。

英国是海洋法系，欧盟是大陆法系，而欧盟拥有最终裁决
权。也就是说英国法庭判了的案子在欧盟法庭很有可能被翻案，
英国人对这事非常不爽。此外还有关税、汇率、利率，这些问题
也让英国很不爽。英国国内有很多人觉得便宜占得不够，代价又
太大。这就导致英国和欧盟之间一直有隔阂。

就像法、德对英国怀有戒心一样，英国国内"疑欧派"的声
音自从加入那会儿就一直存在。欧盟两个重要的成就——申根区
和欧元区，英国都没有加入。

英国与欧盟的结合简直一开始就是奔着"离婚"去的。

2010年，卡梅伦上台之后，当时英国政府养的公务员太多，
又搞全民医保，欠了一屁股债，开始执行"小政府大社会"的策
略，削减国家福利支出。国家不再扮演保姆的角色，大家自由发
挥，责任自担，努力挣钱吧。同时制定了五年期的财政紧缩计

划，主要依靠大幅削减政府部门的开支和社会福利开支，同时也提高增值税、资本所得税和国民保险缴费用，来填补高额的财政赤字。

英国的GDP从2010年开始实现了持续增长，但是财政紧缩的政策也让英国人难受到了极点。

欧盟自从2008年之后日子一直不好过，因为出现了欧债危机。

引发欧债危机的原因很多，其中之一就是政府给大众发钱发太多。那些年欧洲好几个国家的政府靠借钱度日，如希腊、意大利，结果最后还不上钱，国家要破产了。

法、德两国作为欧盟支柱，准备修约，明确要求对财政赤字占GDP比例超过3%的国家实施处罚，就是约束各国不能乱给大众花钱，大众少花钱政府就能少借钱，就可以防止国家破产。

这下欧盟成了各国财政的监督者，天天看着大家，谁要是大手大脚就上去一顿数落，指责对方"还想不想过了，是不是要破罐子破摔"。但是这下又碰到英国的痛处了，头号强国的帽子摘了没几天，德、法连自己花多少钱都要管？

欧盟还想通过修改条约来治理欧洲的金融服务业，英国是避税天堂，欧洲的很多黑钱不断往英国流，欧盟说英国管得太松了，能不能严格点？金融业是英国的支柱产业之一，欧盟碰金融不就是断英国财路吗？

欧盟一系列的操作立马就引起了英国的警惕，否决了这次修改条约的提议。英国想，欧元区出了危机，跟我英国有什么关系？我大英没破产你凭什么管我？

此外，中东动乱引发无数难民逃亡到欧洲，给这些难民安排吃喝总得花钱。欧盟说难民的事总得解决吧，大家都出点钱，要不摊派下？算来算去，欧盟加在英国身上80多亿英镑的预算，英国不同意，说我们才6000多万人，而且是在岛上，你们怎么可以这样？

2011年6月，欧盟委员会提议欧盟2014—2020年度中期预算比前一个周期增加5.9%，催促大家赶紧掏钱。卡梅伦当即就不干了。想加钱？想也别想，而且你还必须比上一个周期少。

三、脱欧

卡梅伦心里很清楚，在利益这种事情上必须坚持原则，英国加入欧盟是为了利于英国，而不是其他。往欧盟里面撒钱的赔本买卖不能干，甚至都不能让英国大众以为赔钱，弄不好就会被英国大众骂死，又会闹脱欧的事情。不过卡梅伦最终还是没压住，英国国内疑欧派的声音也越来越大，比如英国的独立党异军突起，很多保守党成员也投向了独立党的怀抱。卡梅伦的六位内阁部长在网上发表了自己支持脱欧的态度。

正在卡梅伦焦头烂额的时候，苏格兰又跳出来抢戏，表示我们不想脱欧，你们既然这么想脱，那你们去脱欧吧。我们自己独立然后自己加入欧盟得了。

苏格兰和英格兰挨着，不过历史上互相之间是相互唾弃的关系，近代才合并在一起。从合并以后，苏格兰有一伙人一直想尽一切办法要独立。2014年举行苏格兰独立投票时，卡梅伦凭借自己精彩绝伦而富含深情的演讲挽留了选民的心，使得苏格兰的独立计划破产，稳住了国内局势。

但卡梅伦也面临一个大问题，如果想连任，就得给老百姓想要的，但是又不能承诺给大众增加福利，只能是给点不要钱的——卡梅伦就冒了个险，甩出来一张牌，说如果自己上位，就搞公投，离不离开欧洲，你们决定。这个操作果然奏效，卡梅伦收获了一部分选民。在随后的大选中，卡梅伦所在的保守党获得36.9%的选票，获得了331个席位，大获全胜。

卡梅伦连任之后，就开始逐步把自己的选举承诺付诸实践。作为一个首相说话得算数，不然今后就没人信了，就把脱欧投票的日子定了下来。

这在欧盟看来，就是英国又在采取极限施压，又想少付出，反正英国自从加入欧盟就天天叫嚷要跑路，一直也不走，毫无诚意。欧洲认为英国就是那个喊"狼来了"的小孩，待在岛上天天喊。

英国既是欧盟的第二大经济体，又是欧盟的金融中心，还是欧盟的主要财政净贡献国，也是联合国安理会常任理事国，投票时候用得着。如果英国退出欧盟，必然会导致欧洲经济风险的进一步增加，也会让欧盟损失大约3万亿的GDP。双方的产业互补很深，一旦决裂，经济损失可能非常巨大。所以欧盟尽管不太相信英国要跑路，还是做出了一定的挽留姿态——你们英国人不就是想要点好处吗？又不是不能谈，搞哪门子的投票啊？

卡梅伦自己承诺了公投，就要说到做到。任凭欧盟好说歹说，英国脱欧投票还是如约展开。2016年，留欧派和脱欧派几乎势均力敌，最终脱欧派以51.9%的支持率险胜。

脱欧投票打开了潘多拉的魔盒，让英国国内分裂成两个阵营，争执不断。这种局面总得找个人负责吧。卡梅伦看着眼前这口锅，知道自己不背也得背，最后卡梅伦递了辞职信。

作为脱欧派领袖的鲍里斯本来声威大震，但是在党魁的竞争中遭到了盟友的背叛，只能退选。最后，兢兢业业干了六年内政大臣的梅姨——特雷莎·梅接手了首相的职位，成了英国第二位女首相。

从上任的那一天起，梅姨知道自己的使命就是带领英国顺利平稳地脱欧，毕竟已经出了结果，所以梅姨就是在各种脱欧方式中寻找一条最稳妥的方式。

根据《里斯本条约》第50条，英国和欧盟开始了自己这桩"离婚案"的谈判。反正已经确定过不到一块了，就好好讨论一下产权的划分问题。这是一个旷日持久又来回折腾的过程，占据了梅姨的大部分精力。

脱欧投票后，很多英国人就后悔了，冷静下来一琢磨，好像脱欧也没多划算，而且上网查清楚了什么是"脱欧"，不少人又开始喊着要举行二次公投——上一次没投对，要重新投。

欧盟在得知投票结果出来后，明白大势已去，为了避免出现连锁效应，担心如果挽留得太过热情，万一导致别的国家有样学样怎么办——到时候大家都通过脱欧来骗好处就没法收拾了，所以果断地选择不再挽回英国。

窝了一肚子火的欧盟准备折腾英国一下，提出了要1000亿欧元的"分手费"。

随后，英国和欧盟便展开了拉锯式的谈判。

主要围绕这么几个问题：第一个是钱的问题，也就是分手费，最后谈到了500亿欧元，这个数值比英国一开始预计的200亿欧元高出很多。

第二个就是北爱尔兰的问题。这个地区的和平非常重要，如果强行加上一个硬边界，那么又会引起动荡，爱尔兰那帮恐怖分子猛得很。所以在脱欧方案中加入了保障条款，也就是对北爱尔兰而言，欧盟的市场规则将继续有效，这同时也意味着英国给自己留了个后门，但是北爱尔兰内部对这个政策相当不满。

梅姨把自己跑断了腿、磨破了嘴皮才弄出来的多达600页的脱欧协议文本拿到下议院的时候，直接遭到了432张否决票的当头一棒。

四、英国为什么要脱欧

英国人真的是因为欧洲要让他们花钱才跑路的？当然不是，我们上面讲了，英国想脱欧的只有一半人，另一半不想脱欧。

英国脱欧并不是共识，只有一部分人想脱欧而已。想脱欧的这一半人，也并不是已经理解了脱欧的全部好处和缺点，他们其实也是被人带着溜达，绝大部分老百姓连汇率和利息之间的关系都弄不明白，他们怎么能理解脱欧之后有什么影响？

那问题就变了：这部分人为什么要脱欧？

为了解开这个问题，美国拍了个纪录片，就叫《Brexit》

（一种戏谑说法，英国脱欧的合成词），里边提了两个问题，把这两个问题解答了，就好理解了。这两个问题是：第一，英国国内谁在鼓动老百姓脱欧？第二，背后推动脱欧的那些人是谁？

最早在脱欧问题上闹得最凶的，是一个叫"独立党"的组织，他们到处拉条幅、搞演讲、上电视、搞线下活动，说服老百姓去投票。

独立党是英国脱欧的第一大推动者。英国伦敦60%的人反对脱欧，伦敦市中心80%的人反对，整体而言，英国越发达的地区，越不希望脱欧。

独立党很巧妙地去村里宣传，村里的人普遍支持脱欧。

那么问题来了，谁又在支持这个独立党呢？

这个也不难查，国外的政党主要是靠捐款，政党只要说出来自己要干吗，希望你去做这件事的人就会给你捐款，这个捐款他们内部是披露的。这个党也一样，在脱欧那段时间，收到大量的捐款，他们雇佣大量志愿者，只要把下边这几句话做成标语，开着大巴车，刷到整个英国，就会有一群人支持脱欧，比如不脱欧会有大量的难民涌入，抢大家的工作；英国每年要给欧盟交会费，这些钱本来可以改善英国福利系统；欧盟干预英国内政。

这些口号的利弊其实非常难以权衡，比如难民涌入确实不好，不过英国有很多太普通的职业不是也没人干吗？再如交会费，那你不享受欧洲的市场吗？

那么谁给独立党捐款呢？媒体通过查账发现，大头是几个基金会，这几个基金会背后是英国的几家大型私人金融公司，还有几个是英国本土的设备商。

英国在撒切尔夫人上台后搞金融自由化，英国就开始把工业转到亚洲，不断加强金融业务。英国金融业现在占到英国GDP的10%以上，承担着大量的国际洗钱业务，欧盟早就看他们不爽了，想整顿他们。

至于设备制造商，他们估计是嫌德国制造商冲击他们，毕竟德国才是欧洲工业中心，所以英国制造商想脱离欧洲，搞自由关税。

也就是说，一帮资本家推动了这次脱欧。在加入欧盟之后，资本家被欧盟的条条框框折腾得挺惨，所以发动大规模宣传，成功地让英国脱欧。

不过脱欧对英国来说应该也不是坏事，正如脱欧成功后，鲍里斯在发表的演说中表达的那样：今后英国自由了，不再受欧盟掣肘，也不再跟着美国当马仔。英国要回到维多利亚那会儿，发挥特长，游离于各方之外，给大家带来一些更加复杂的表演。

不过，帝国的荣光早已逝去，强国关键的几个指标，受教育人口、体量、工业产能、市场规模，如今的英国跟百年前早已是天壤之别。无论怎么操作，都难以拥有过去的辉煌了。

第二章

美国那些事

小政府到大政府的转变——美国的农民起义

一、独立战争

美国还是英国殖民地的时候，刚开始只有东部的十三个州，位于阿巴拉契亚山脉以东，面积不到现在美国的十分之一。

那时北美还是个农耕经济地区，农业人口占大多数。就像世界上其他的农业国一样，土地兼并之后导致土地集中在少数人手里，穷人只能当佃户。

1763年，英法的七年战争结束的时候，英国又抢来了密西西比河以东、阿巴拉契亚山脉以西的大片土地。

农民们一看突然冒出来这么多新土地，大家都收拾好家当准备去那里种地。但是美国当时还是英国的殖民地，英国人也有自己的小算盘，准备把这些地分给英国国内的贵族们，所以就禁止农民进入该区域，这下把美国农民们给惹怒了。

当时英国严格限制美洲殖民地的人民搞工业，担心他们发展壮大后不好管，这就惹怒了美洲上层的工业主们。再加上工业主们没法扩大生产，也就不需要去贷款，这下把金融资本家也给惹怒了。

工业资本家、金融资本家、农民全都愤怒了，再加上法国被英国战败，心里自然有怨气，所以法国也一直在边上怂恿美国殖民地上的人起来反抗，于是美国独立战争就轰轰烈烈打起来了。上层出将，农民出兵，法国人出钱，很快"大陆军"组建了起来。

尽管美国的独立战争声称是八年抗战，不过应该是世界上最不像战争的战争，根本不像在打仗，倒像是在过家家，一点战争的严肃性都没，也没伤亡多少人——美国死了几千人吧，不少还是冻死的，美国偶尔非常寒冷。英国也死了几千人。美国八年的独立战争都赶不上同时期欧陆一场战役的伤亡。

美国人就是因为在独立战争中没吃亏，所以后来的南北战争中双方拿着现代武器猛打，造成大量的人员伤亡。

后来法国、西班牙、荷兰也在暗地里反英，法国还对印度蠢蠢欲动。对于英国来说，印度是女王王冠上的宝石，北美是个鞋拔子，权衡得失，当然先管印度。

有些书上说亚当·斯密给英国政府计算得失后，英国人觉得驻扎北美得不偿失。不过这显然是荒谬的。英国退出北美的时候确实不大赚钱，不过美国很快驱赶着奴隶去种棉花，又在加州发现了大金矿。

1783年，独立战争结束了，英美双方签订了《巴黎和约》，规定了密西西比河以东的区域都属于美国，并且英国人再也不管美国人了，爱生产什么就生产什么。

战争结束，华盛顿解散了大陆军。这些为美利坚的独立流过血、挨过刀的士兵高高兴兴地回家了，憧憬过上幸福生活。这种憧憬并不是毫无根据的，领导独立战争的"大陆会议"承诺给浴血奋战的将士发放土地奖励和终生的补助金。

然而善良单纯的农民似乎没有意识到，英帝国主义折腾农民，大家赶走它，但此时北美大陆的统治阶级也没有跟农民站在同一线。

在独立战争的胜利前夕，1781年3月，美国最初的十三个州相继批准了《邦联条例》。之前管事的"大陆会议"被邦联政府所替代。

这里是邦联，而不是联邦，这个邦联政府更像是如今的"欧盟"。除了一个国会，什么都没有。没有国家元首，没有制定法律，甚至连直接征税的权利都没有。各个邦联的自主性很强，对于邦联颁布的法令的态度就是看着办，怎么舒服怎么来。有利于自己的法令就执行，有骂名就让邦联政府背；不利于自己的法令，就直接顶回去。

你如果问他们为什么这么干，他们会说是因为对独裁政府的不信任，防止权力过度集中。其实还是对自身利益的看重与维护，尤其是南方那几个种烟草的富州，凡事摆出一副"这事跟我无关你们别找我啊"的姿态，但是一旦有好处他们跑得比谁都快。

美国这种状态在当时凶恶的国际斗争中几乎是作死，事实上没过几年，英国人就带着加拿大人打回来了。

当然了，美国那时候也有不少精英人士看出了问题，比如汉密尔顿，他到处游说：集中力量才能办大事，一个强有力的中央政府，是一个国家活下去和崛起的关键。不过没人理他，大家要去过日子了，不想去想那些没用的。

由于当时的美国政府是富人说了算，他们做了很多对穷人不利的事情。举个例子，在反抗英国人的过程中，没收的属于英王和英国人的田庄，以拍卖的形式卖给了有钱人，毕竟穷人没有这么多钱嘛，大家一起赶走了英国人，好处全被富人占了。

既然大片的土地农民买不起，那农民买片小点的总行了吧。很无奈，还是不行。1785年，邦联政府规定西部的土地（从英国那里弄来的一大块土地）由邦联政府统一出售。出售的每块地最小单位为640英亩，每英亩1美元，必须在一个月内付款。这个门槛让穷人只能望地兴叹。

农民没有土地耕种就没有收入来源，农民们只能老老实实当佃户。这种重新分配资产的方式，看似公平的"购买"，实际上是大资产阶级轻资产换重资产的过程。

二、英国的算计

独立战争后，美国的外部环境也不好，吃了亏的英国人并没有善罢甘休，正如所有霸道家长对付试图离家出走的"熊孩子"一样，第一反应就是断钱财。英国对付孱弱的美国，从军事进攻改为经济打击。

首先，英国限制美国的出口，英国属地的港口不对美国开放，也就是美国的商船不能停靠岸。这个就很恐怖了，大洋上绝大部分港口都是英国的，被英国给禁了几乎等于被全世界给禁了。

其次是对美国的货物苛以重税。你们不是不想跟着英国嘛，今后你们也别想跟英国做买卖。

在独立战争之前美国发展得好，主要是因为他们生产多少物资英国就收多少，现在英国不买了，你们卖给别人吧。

以马萨诸塞州的造船业为例，这是美国当时的支柱型工业。独立战争之前，每年下水船只125艘。但是到了美国独立后，每年下水的船只有15艘到20艘，不到之前的一个零头。

在没有增量的情况下，存量厮杀日益加剧——此时的美国还是个农业大国，商品以农产品为主，生产出来全卖给了英国人。现在英国人不收了，每年只剩下荷兰和西班牙两个国家的订货单，美国各州一下子变成了相互竞争的关系，互相压价。

隔壁州的玉米卖十块，那咱们州的就卖八块，导致农产品的价格一路回落，最后谁都赚不到钱。1785年，马萨诸塞州的粮食大丰收，但是卖不出去，只能在仓库堆着发霉。

每个州为了自己的利益，互相竖立关税口岸，商人在十三个州的内部做买卖都要征收重税，以至于工商业根本没法发展。

另外，美国人民还背负着沉重的税务——美国的负债2019年已突破22.4万亿美元，庞大的负债使得美国政府每年光利息就需要拿出5000亿美元。

实际上，美国从立国起就是负债起家的。打仗需要钱，独立战争中的军费是通过举债才筹措到的。战争结束，到该还钱的时候了，各州为了偿还这些外债，不断地提高赋税。这其中有人丁税、土地税、市镇税、郡税和班税等。以至于到1786年，税收平均占到公民收入的三分之一。

往往是越不发达的州税越高，因为政府还不上债务。当时最好的办法是让各州按照不同的经济情况分摊，但是美国当时没有中央政府，没法进行这类操作。

美国当时还有通货膨胀的问题，从1775年发行"大陆币"以来，购买力就一路下跌，打折打折再打折。

1777年，100面值的大陆币就打了七四折（100元面值仅值74元）。1778年，打了一四折（100元面值仅值14元）。到1781的春天，只值1元了。有句美国谚语，"一个大陆币都不值"（not worth a continental），说的就是这事。

随后成立的北美银行，发行新货币，干脆宣布"大陆币"作废，那一块钱的价值也没了，这对普通人伤害非常大。

农民们怎么经得起他们这么折腾？一些过不下去的只好低价出卖自己的土地，或者靠借债过日子。而一旦还不上钱，就会被告上法庭，投入监狱。马萨诸塞州的一座监狱，因负债被关起来的人占到所有囚犯人数的一半。这其中就有很多退役的老兵，很多人无奈地只能把奖励的土地卖掉。

为什么国债这种事最后会转移到穷人头上，不应该是富人纳的税更多吗？——当时各州法律规定，参加选举的人必须是土地所有者，每年纳税不少于3镑，或者财产达到60镑，注意了，这是选票门槛，有了3镑纳税才能去选举别人。如果要成为被选举人，资产更是要达到300镑的门槛，这在当时是一大笔钱。而竞选参议员的财产要求就更高了，能选上的几乎没有穷人。

各州议员都是有钱人，谁会在制定政策的时候给自己加税呢？富人有一百种办法避税，穷人却没办法，这个问题一直持续，后来美国联邦政府干脆成立了史诗级的部门"美国国家税务局"，更是顺理成章地去征税了。

总结起来就是一句话，拥有大资本的富商和地主、银行家窃取了独立战争的果实，美国底层人民的生活并没有什么好转，反而陷入了更加绝望的境地。

三、农民的反击

1786年年初，美国农民们开始不断地上书请愿，希望上层"肉食者"能考虑下他们。

议会里倒也不全是一帮自私自利的人，只是这不自私的人势力太小。就好像你是个议员，觉得农民们确实是惨了点，决定推动一些有利于他们的政策，但这些政策会损害地主和商人的利益——农民少缴税，他们不就要多缴税了吗？——而这些人都是你的家人、亲戚、朋友，正是这些人在背后花钱运作，你才能坐在现在的位子。此时的你，是否还有信心和决心推动有利于穷人的政策施行下去？事实证明，答案是否定的。

既然语言已经无法解决问题，暴力就成了唯一途径。

自发的起义组织和活动已经在马萨诸塞州的各个县出现，起义者的目标则是本应该保护他们个人权利不受损害的法院。

州长詹姆斯·鲍登面对这些人也没有丝毫的客气，直接以"危害公共安全"的名义下令抓捕所有起义领袖。

但是这种扬汤止沸的模式终究走不远。

1786年9月26日，马萨诸塞州的最高法院前人声鼎沸，两波面目严肃的人正在此地对峙。一方是600多名起义者，另一方则是严阵以待的政府军。

气氛一度非常凝重，当时，从起义者的人群中走出来一个人，向法院递交了一封措辞非常强硬的信。要求法院立刻停止对人民的审判——这人就是民众推出来的起义领袖——谢司。

谢司1747年出生于美国东北的马萨诸塞州，作为贫农家庭孩子，日子过得比较凄惨。独立战争爆发后，谢司应征入伍，参加了"大陆军"。谢司在大陆军中打了两年仗，便被提升为上尉，当时一个在美军中跟美国人并肩战斗的法国贵族还把一把军刀送给了谢司。

1780年，战争结束后谢司选择了退役回家。

本来觉得抛头颅洒热血打下的会是个新世界，但是没想到美国变成了这样。放下刀枪的谢司重新拿起了农具，开始了日出而作、日落而息的日子。不幸的是，整体环境就是越来越差，越奋斗越穷。到最后，谢司穷得连法国贵族赠予自己的军刀都卖掉了，最后还是还不上钱。无奈之下，只好走上了"武装起义"的道路。

面对谢司一伙人的要求，官方当然不会在意，私有财产神圣不可侵犯，你们这帮闹事的还想抢不成？

这种态度彻底激怒了起义者，谈也谈了，意见也交换了，既然谈不拢，那就动手吧。

谢司随后率领600多名怒不可遏的群众与军队发生了正面冲突，法院在一片混乱之中不得不中断了审判。美国著名的"谢司起义"便在这样一场人民的小小胜利当中拉开了帷幕。

谢司率领起义军在马萨诸塞州西部活动，到1786年年底，起义军的人数已经达到15000人。

一场轰轰烈烈的运动迅速蔓延开来，马萨诸塞州的其他县也有大大小小的起义趁势而起。谢司起义军明确地提出了"公平财产""土地是属于所有农民的公共财产"等纲领。

紧张的权贵们马上开始筹钱募兵，收税的时候一毛不拔的富商、地主、银行家们纷纷"慷慨解囊"。仅仅用了一天的时间就凑到了4万英镑，装备了一支4400人的队伍，并找到了本杰明·林肯作为这支队伍的总指挥。

这个本杰明·林肯曾经在独立战争时期担任大陆军南线司令，算是军界的大腕。看得出来，为了筹建这支镇压起义的部队，权贵们下了血本。

1787年1月底，简陋的武器装备让谢司很焦虑，准备联络其他起义军一起夺取政府的军火库。不幸的是，信使在传信的过程中被政府军所截获。本杰明·林肯在绝对优势下击溃了谢司的起义军，2月4日，谢司在吃早饭的时候被捕。

2月26日，政府军扫清了马萨诸塞州的最后一支起义军。以谢司为首的农民起义至此结束，整体而言，比陈胜吴广的起义时间都短暂，不过影响巨大。

谢司起义震动了美国的创立者们，刚建国那会儿国父们内部也经常发生辩论，比如"工业党"代表人物汉密尔顿和农场主代表杰斐逊，他俩因为美国"是不是需要一个中央政府"这事吵了好几年，不过一直也没啥实质性进展。

但是这次起义的爆发，有点像本来双方在那里念招式过招，你说白鹤亮翅，我说黑虎掏心，没想到突然人群中冲出一人对准杰斐逊胯下就是一脚，杰斐逊疼得满地打滚，然后一边摇手一边表示有话好好说。

这次谢司起义，就是那一脚，本来文斗玩得好好的，突然有人动手了，之前不希望有联邦政府的人也意识到了，如果没有联邦，弄不好今后这就是日常，谁也别想好好过日子。

1787年5月，一批对处境有清醒认识的美国先驱在费城召开了全国制宪会议。

经过四个月的争吵、辩论，美国从邦联制转向了联邦制。

制宪会议对于美国而言，相当于第二次新生。结束了十几年各州之间各自为政的局面，1789年，选出了第一任美国总统——华盛顿。也就是说，1776年《独立宣言》诞生，1783年英国承认美国独立，但直到1789年，美国才有了第一任总统。

建立联邦政府这事对美国的影响非常大，最明显的一个效果是不会再出现十三个州各自和外国谈判，互相竞争性杀价的局面。

联邦政府拉高了关税，防止英国工业品冲击北美市场，政府也有了点关税运转起来，养了一支常备军，并且开始修建运河、公路等。

此外有了联邦政府就可以搞点新东西，第一任财政部部长汉密尔顿开始发行美国国债，华尔街就是那个时候开始蓬勃发展起来的，随后慢慢成了美国最重要的一个经济引擎，一直到现在。

最重要的是，废除了国内关税，各州互相之间不能再征税了，这样就可以促进美国内部市场的形成。美国崛起的重要原因就是有一个茂盛的国内市场，老百姓自己生产自己买，既健康又良性。不像后来的"日韩模式"，生产的东西主要卖到海外了，外国人不买东西本国就发生经济危机。

所以说，谢司起义改变了美国。同时，谢司起义无意中帮了汉密尔顿的忙，汉密尔顿尽管寿命不长，但人生目标全部实现了，并且深刻地影响了美国。

至于谢司，老百姓普遍比较同情他，新州长上台后对谢司进行了特赦，并给予每月200美元的独立战争退休金。1825年，谢司病逝于纽约。

四、越来越大的美国政府

美国联邦政府成立后，又有好几轮扩张，权力也越来越大。

比如在林肯时代，美国联邦政府第一次违约，当初说好各州自愿加入联邦，想脱离随时可以走，但是到了1861年，南方各州想跑路，被北方联邦军南下，打断了腿之后再也没跑成。

南北战争后，美国政府规模扩张了一大圈，随后是1929年的经济大萧条，当时流行以工代赈，政府需要大量的人力来管理那些政府项目。政府再一次扩张，甚至里根时代，说是要搞小政府，政府规模没变，国防承包商多了一大堆，美国军工就是那个时候变得彻底尾大不掉的。

　　之后又发生了"二战""冷战"，因为要跟德国和苏联对抗，美国先后上马了曼哈顿、原子能、星球大战计划、互联网等项目。这些国家主导的项目一个比一个大，联邦和各州需要的人力越来越多，政府规模又进一步扩张了。

延续两百年的美国党派之争

要了解美国两党的渊源，得回到两百多年前。美国的党派之争，不但早于这两个党本身，甚至早于美国建国，政治分歧很早就已经出现，随后一直延续到现在。

要讲党派，得先了解美国的独立战争，因为美国后来的权力结构，正是在独立战争期间形成的，而且独立战争对美国国父们的影响非常大，在国父们心里打下了深深的烙印，这种影响随后又影响了汉密尔顿改变国家的行动。

因为，美国独立战争是世界上最不可思议的一次战争。

总共打了八年，磨磨叽叽，拖泥带水，打打停停，英军对北美民兵的优势是完全碾压式的。一开始，华盛顿的日常就是带着衣衫褴褛的队伍到处溜达，英国军队在后边懒懒散散地跟着，双方就跟不是在打仗似的。

华盛顿也没打几次胜仗，偶尔打了一次，突袭了一次英国的雇佣兵营地，也没打死几个人，但还是被美国史学界大书特书，并且画成了画，现在去了美国到处都能看到。

后来法国开始支持美国，而且印度也在闹事，英国被迫在美国和印度之间选一个，最后选了印度，干脆在美国撤兵了。美国就这样稀里糊涂地革命成功了。

我们以往看故事书，每次看到王子杀掉巨龙救了公主，就过上了幸福的生活。生活本身却不这么浪漫，因为永远都有一个关键问题在等着大家："接下来呢？"接下来美国就掉坑里了。独立战争之后的美国并没有如愿过上幸福的生活，有几个关键问题。

首先，大批有钱人跑掉了。独立战争中，多数的美国人同仇敌忾反对英国，然而还有人不反对，很多人是要跟英国人做买卖的，闹起来对他们没什么好处。独立战争之后这批人卖了房子带着钱直接去英国了，还有一大批逃往加拿大，形成了现在的加拿大英语区。这些跑到加拿大的亲英分子在那里积极筹备训练民兵，随时准备反攻美国。也就有了后来的加拿大民兵"火烧白宫"的事。

其次，贸易受到了大幅影响。在独立前美国最大的贸易伙伴就是英国，现在英国要封锁美国，那个感觉就是"你小子不是不服管教吗？那就滚，再也别进家门"。美国独立战争打完后，英国随后对美国进行经济封锁。当时美国的经济支柱是两项业务，北方打鱼，南方种烟草。但是美国人的渔场在加拿大的纽芬兰，加拿大是英国的地盘。英国人说小子你离家出走就别到我这里来打鱼，美国北方打渔业和造船业立刻就垮了。

英国不再进口美国种的烟草，这就悲剧了，美国最重要的外贸品——烟草贸易也萧条了。

当时英国的意思很清楚，先封锁几年，等解决了印度，回过头来再收拾美国。

后来印度终于稳定了，不过拿破仑又起来了，英国人又去对付拿破仑，一次又一次地组织反法同盟，焦头烂额。等到拿破仑被流放，法国彻底踏实了，俄国人又起来了，英国人回头一看，美国已经成立了联邦，英国人评估了下，发现再打美国成本可能太高，而且可能便宜了俄国人，就没再想这事。

最后，也是最重要的一点，美国独立战争过程中花费太大，欠钱太多，战后需要提高老百姓赋税来还钱。当初美国老百姓为了抵制英国对他们征税而起来反抗，现在英国人走了，税负却更高了，美国老百姓的内心痛苦极了。

美国独立战争打完了，事情却越来越糟，那种感觉就好像王子和公主克服重重困难终于在一起了，但是公主惊讶地发现王子是个不负责的人。美国也一样，离开英国之后没走几步就走不下去了。

各州风起云涌，有的州税负太高，老百姓准备再一次造政府的反，有的州给其他州设立了高关税，以邻为壑。还有一些州觉得原来英国也挺好，要不把英国叫回来吧，向英国认个错，说不定英国还会不计前嫌呢。

国家危难之际，汉密尔顿出场了——有些国家比较幸运，就是在关键时候有个别强人牢牢地把握住了列车的方向。

汉密尔顿在美国国父里有点像中国汉朝时的韩信和萧何的角色，是那种干活能力强而且会思考国家未来架构的人。而华盛顿类似中国汉朝时的刘邦，是个天生的领导者。华盛顿打仗，打得要多差劲就有多差劲，连美国人自己都不提华盛顿将军的带兵能力，后来有法国人帮忙才彻底赢得战争。华盛顿在施政方向上基本上没思路，主要是靠汉密尔顿。

华盛顿最重要的事就是保持威仪，指出方向，平衡各方势力，不至于各方没法谈打起来，真正的领导就是干这些的。

这里就有个问题，美国有哪些什么派系需要华盛顿来平衡？

主要有两个派系，第一派系是他的亲密战友汉密尔顿，另一派系是他的另一个亲密战友杰斐逊。

汉密尔顿很少被我们提及，但是在美国几乎无人不知，因为他的头像就印在10美元纸币上，相比较秃顶而双下巴的富兰克林和满口假牙的华盛顿，年纪轻轻鼻梁高挺的汉密尔顿无论气质还是形象都是美国国父里中最耐看的。

不过汉密尔顿跟富兰克林相比，最大的问题是活得太短，才活了49岁，而富兰克林活了84岁。

汉密尔顿奠定了美国商业文明的基石，是终生为了拥护联邦而战斗到底的人物，相比于绝大部分出身于豪门有钱有闲的美国国父，汉密尔顿的出身比较卑微，而且他也不是出生于美国，而是出身于西印度群岛。

当时好地方都被又勇又猛的西班牙人抢走了，以至于英国人到了美洲的时候，只好抢了一些边边角角，或者是西班牙人都不屑于去的地方，比如北美那块地，还有西印度群岛。

西印度群岛主要是种甘蔗榨糖，白人们没法在那么热的地方劳动，干点活就容易疲劳而且免疫力下降。于是西印度群岛的白人们开始大规模地从非洲买奴隶，黑人怕冷，没法在美国北部接近加拿大的地方劳动，但是在炎热的地区，黑人干得风生水起，而且不怕疟疾。因为除了黑人，其他人种都扛不住疟疾。

汉密尔顿的外公，就是在庄园里给黑人检查身体的医生。当然了，这里说的检查不是做X光、验血验尿、检查视力，或看看有没有结石，这里说的检查是替奴隶主把关看看奴隶能不能买，是干这个活的。

汉密尔顿上大学的时候正赶上美国独立战争，他随后参军，在军队中结识了华盛顿，并且成了华盛顿的副官，平时吃住都和华盛顿在一起。

华盛顿和汉密尔顿情同父子，没有华盛顿的提携，绝不会有后来的汉密尔顿。

美国内战结束后，面临的一个核心问题是"接下来怎么办"，以汉密尔顿为首的一伙精英形成了一套解决方案。

为什么后人说汉密尔顿伟大呢？因为从汉密尔顿开始，后发国家就形成了稳定的套路，也就是汉密尔顿写在他的《关于制造业的报告》里的内容。李斯特在美国逗留的时候反复抓学习，结合美国经验，形成了其后来的思想，也就是德国崛起的理论支持。李斯特受汉密尔顿的影响非常大，文章里经常大段大段引用汉密尔顿的文章内容。

李斯特这套理论传到亚洲，启发了日本，形成东亚模式。成功的后发国家都是这么搞的：

1. 仿效英国，建立统一的集权国家，废除内部关税，建立大规模全国性市场。

2. 征收外部关税，保护国内尚处于婴儿期的工业，抵抗来自发达国家的竞争。也就是说，国内自由竞争，对外先保护，等工业发展起来再放开。

3. 建立银行，稳定货币并提供商业资金。

4. 建立大众教育，加快创新和发明。

如果大家看着眼熟，也正常，因为两百年的时间，当初这些比较新颖的东西，如今已经成了常识，人口超过一千万的强国几乎都是这么发展起来的。

而当初美国奉行这套理论的人，就叫"联邦党人"，因为刚才那些东西的前提，就是有个中央集权的"联邦"，所以这伙人就叫"联邦党人"，也就是现在共和党的前身。后来联邦党解散了，现在的共和党继承的是联邦党的思想，不是直接传承。

国家统一权力是所有强国必须具备的技能，只有先把这步做好了，才会演化出后来的一切，才能集中力量追赶，避免内耗，形成内部市场。

比如德国强大的开始，是1871年的统一战争；日本崛起的基础，是消灭幕府。所以一般大国都得找到一个平衡点，既不能管得太死，也不能完全放任，德国统一之前有三百多个小邦，什么也干不成。

说到这里大家可能就有疑问了——方案已经提出来了，美国按照这个理论往前走，是不是很快成了世界头号强国？

早着呢。因为汉密尔顿宿命中的另一个人该上场了，也就是杰斐逊。

杰斐逊是谁？这也是一位了不起的人物，他跟汉密尔顿一起成了美国的两尊神，一个是里子，一个是面子。

汉密尔顿就是那个里子，主张美国的精神就是商业、联邦、金融、精英治国、防范民粹。

而杰斐逊就是那个面子，主张人人平等，此时美国还存在奴隶制——后来第二次南北战争把奴隶制给废掉了。

他们这些主张不矛盾，那他们闹什么矛盾呢？——杰斐逊出身弗吉尼亚豪门，14岁死了父亲，当即继承了5000英亩的土地及数十名奴隶，现在杰斐逊的故居也是弗吉尼亚的一个重要旅游景区。

杰斐逊作为一个富二代，却完全不像个富二代，终生手不释卷，非常博学，后来当上了律师。他年纪轻轻就通过家族财富和个人努力，跻身弗吉尼亚富豪阶层。

杰斐逊和汉密尔顿是华盛顿的左膀右臂，汉密尔顿主要是跑前跑后干活的，而杰斐逊就是提供理论武器的，类似华盛顿的政治秘书。杰斐逊从理论角度论证新大陆应该独立，他天天说新大陆人民都是平等的人民，不堪忍受英国国王的压迫，也就是说，杰斐逊擅长鼓动大家一起反抗。

当时杰斐逊天天在喊，杰斐逊不仅喊人人平等，而且还信。

后来杰斐逊他们一伙成了现在美国民主党的前身，杰斐逊本人后来成了他们这一党的第一个头目。尴尬的是，杰斐逊他们党绝大部分人都是奴隶主，一群奴隶主声称自己热爱人人平等，多多少少让人有些尴尬，不过你只要知道当时黑人在他们眼里没任何地位，就不那么难理解了。

现在英国人走了，汉密尔顿他们要搞个新的联邦政府，凌驾于十三州之上，所以杰斐逊一伙首先跳出来反对，认为联邦政府会继续压迫大家。当时杰斐逊一伙一起骂汉密尔顿，说北美人民费尽千辛万苦，终于赶走了英王，你们"联邦党人"要再搞个国王到我们头上？你们怎么不把英王请回来呢？这明显违背了平等的原则。

"联邦党人"认为如果没有联邦政府，现在这个不堪的局面发展下去，北美十三州迟早会跟非洲的那些部落似的打起来，得有个中央政府，控制军队，防治内乱，统一还国债。杰斐逊他们说那就乱呗，治乱兴衰，本来就是历史的常态，干预它干吗？这就是代价。

汉密尔顿他们说，要发展工业、商业、金融业，不然就会重演在独立战争中被英国人碾压的态势。杰斐逊一伙说你就是个英国人，随时准备把英国那套搬到新大陆来，工商业不就是剥削人的工具吗？我们现在这样种地多好，干吗要发展那些玩意儿，尤其是金融业。杰斐逊恨透了银行，他觉得这些玩意儿统统是剥削，是食利。他一直把华尔街称为"人性堕落的大阴沟"，杰斐逊认为贫富差距会导致穷人的权利受到侵蚀，也就不民主了。

汉密尔顿他们说要废除奴隶制，杰斐逊他们反而不同意，因为他们说的天赋人权和人人平等说的都是白人，黑人是被他们忽视的。

汉密尔顿的联邦党代表的是右派金融工业资本家，杰斐逊一伙代表的是左翼的田园小清新。我们看看现在的民主党，就能发现这两百年里民主党尽管党章变了好几次，从厌恶黑人变成了强烈支持黑人，但是风格一点都没变。从国家崛起的角度讲，汉密尔顿是对的，可是杰斐逊他们一直站在道义的制高点，几乎无往不利。

汉密尔和杰斐逊顿就这么一直吵来吵去，建立新联邦政府这事就一直拖着。1783年，独立战争就打完了。到了1786年，终于混不下去了，各个州都有自己搞不定的事，比如有的州天天被印第安人"修理"，有的州老百姓税赋太高要造反，都希望其他州帮忙，所以在汉密尔顿的推动下，华盛顿出来号令诸侯，齐聚费城，坐下来开了个会，也就是我们熟知的制宪会议。

制宪会议来了55个代表，其中25个是奴隶主，剩下的是放高利贷者、地主、工业主等。

正是在这个会议上，达成了一系列的妥协，比如杰斐逊一党终于接受了联邦政府，但前提是他们的黑奴算3/5个自由人（因为当时认为黑人的生产力是3/5个自由人），好处是汉密尔顿他们的目的达成了，毛病是从那以后一直到内战，美国南方奴隶主们主导了总统选举、众议院议长人选，以及最高法院。杰斐逊那个制度的目标也达成了，不过联邦党人给摆了一堆栅栏，硬生生把杰斐逊目标的雅典式制度搞成了罗马式制度。

伤亡极大的内战奠定了一个头号
工业国的基石

美国的南北战争是在1861年打起来的，以往我们听说的是为奴隶制打的，其实深入了解，就会发现不完全是那么回事。用一个资深美国史专家的话说："以前的美国对没用的事提不起兴趣。"我们来了解一下美国南北战争背后真正的动机。

当时德国还是一盘散沙，事实上没有德国一说，因为1871年德国才统一。在那之前，德国的领土上有几百个小国家，大家是普鲁士人、黑森人、吕贝克人，唯独没有德国人。

英国人就更是没有对国家的认同感——爱尔兰人压根不觉得自己是英国人，因为他们刚被饿死了几百万人，英国政府却没有出手救援，苏格兰人在英格兰人眼里其实就是野人。

当时的美国人并不是太认同"美国"这个概念，他们中的很多人，都跟英国有关。

早年的英国跟现在的英国不一样，英国人能率先爆发工业革命领先整个世界，原因很多，但几乎所有的学者都认为跟英国当时普通老百姓工资极低强相关。注意啊，是强相关，不是说工资低所以工业革命了。

怎么理解这事呢？假如你是个工厂主，你只有把工人的工资压得足够低，才会有更多的"剩余价值"。剩下来的钱越多，你才有可能扩大再生产，有可能去雇佣瓦特这样的工程师改良蒸汽机，才可能工业革命。

工资低必然意味着老百姓过得不好，事实上英国崛起的那些年，普通英国人惨极了，只有足够惨，才可能远渡重洋去新大陆，如果在英国过得好，谁没事去美洲啊。要知道，早期去殖民美洲的人，每年几乎死80%，第一年上岸一千人，第二年只剩两百了。

为什么法国人在美洲没建立像英国人那样的"丰功伟绩"呢？美国顶级历史学家斯塔夫里阿诺斯说是当时法国人刚搞完大革命，普通老百姓把贵族、地主、富农全家都给拖上了断头台，大家把贵族们的地分了，过上了相对幸福的生活，也就没必要去美洲亡命了。

西班牙人最先到了美洲，却一直在南美折腾，基本没有涉足北美（美国在北美），这又是怎么回事呢？因为西班牙人主要是去挖钱了，美洲的好东西都在南美，金矿、银矿都在南美，南美环境其实很好。现在美国那块地唯一的特点就是平坦，适合种地。英国人去美洲建立的第一个殖民地比西班牙人晚了近一百年，整个美洲的好地方基本都被占了，他们只好去北美种地，美国就是将英国赶走后独立出来的。

不过美国建国的真实情况复杂一些，独立战争是1783年打完的，决定成立美国政府制宪会议是1787年在费城胜利召开的，中间这四年，美国是没有联邦政府的，也就是没有中央政府。

这也好理解，美洲大陆上的人受不了英国人的压迫，所以出钱出枪打败英国人。英国人走了如果立刻搞个政府骑在自己头上，那成什么了？所以美国先贤们觉得不搞中央政府，挺好。

但是事情很快有了新变化。因为有些人奔走相告，强烈要求搞个中央政府，这就奇怪了，是怎么回事呢？

原来打独立战争的时候，当时华盛顿他们一伙是没有钱的，所以就向普通老百姓借钱，这是美国第一批国债。美国的国债早于美国政府。当时发了无数的国债，战争期间大家抗英热情高，也就无所谓，很多人毁家纾难，借就借了，华盛顿他们拿走了钱，留下一张借条。

可是等到打完仗，去哪找钱啊，这些借条就成了废纸。这时候有人脑子活，发现了一个财路，低价回收这些借条，比如100

块的借条，大家本来觉得成废纸了，现在有人以两块钱回收，就赶紧卖给他。就这样，有部分人用少量的钱回收了天量债券。

这些人强烈要求成立中央政府，顺便成立财政部，由中央政府向老百姓征税还钱。这些人数量倒是不大，但是能量巨大，加上其他的一些次要原因，轰轰烈烈的立宪会议搞起来了。主张全额还钱的汉密尔顿成了美国第一任财政部部长，当时的财政部金库里放着的就是这些债券，这个汉密尔顿后来印在了美国的货币上。

参加会议的55个各州代表全部有名有姓，没有一个普通老百姓，全是地主和放高利贷的。会上确立了美国的国策，保护私有财产，一定要还钱，防止民主暴政。我没写错，是民主暴政，当时大家很担心法国那种事发生在美国，民主这个词在很长一段时间内都是贬义词。提起这个词，大家第一反应是法国大革命时期的断头台，由民意决定把贵族和地主推上去砍头。

事实上，美国后来一直走的都是精英治国的路线，由大资本家坐在一起商量怎么处理国家大事。要知道，美国一开始是没有央行的，后来有过两个，全被解散了，再后来是摩根家族的私人银行最先成了美国实际上的中央银行，然后才有了美联储。大家自由竞争，愿赌服输，每个人都去努力争取自己的幸福生活，如果穷死，那是你自己活该。现在美国的福利在发达国家中也只能算一般。至于现在，其实也是一种变相的精英政治，总统大选也是找两个精英让大家选，防止大家把歌星选上去，不过选上去也没用，贵族家庭出身的参议院和代表草根精英的众议院对总统看得很紧。多说几句，美国的参众两院是模仿了英国的上下议院，参议院的议员地位要比众议院高得多，而且数量也少得多，一般都出身豪门（一般，不是全部）。

说了这么多，还是没开始讲南北战争，其实我是想说从美国1789年成立联邦政府，一直到南北战争爆发前的1861年，这七十年间美国政府变化不大，总统可有可无，有什么事大资本家、大种植园主会坐在一起想办法。而且资本家也分成两种，一种是南方种棉花的，另一种是北方生产各种工业品的工商业主。

我们现在说的黑人奴隶，当时都在南方奴隶主的庄园里种棉花。需要跟大家澄清的一点是，奴隶并不是很多人想象的那样，每一个都被主人疯狂奴役，肯定是有那种悲惨的，但不是常态。我说一件事大家就知道了，当时一个黑奴在市场上卖1800美元，1800美元其实不大好描述值现在多少钱，大概相当于北方一个技术工三年的工资。有学者认为可以近似理解成七八十万人民币。

为什么黑人奴隶这么贵呢？因为黑人身体好，很少得病，买了就终身所有。

事实上南北战争结束后，南方几乎所有的黑奴继续以自由民的身份待在原主人家里，跟以前没什么差别，只是自由了。这一点可以看看美国电影《被解救的姜戈》，那里面把主奴关系说得很清楚了，主人可以随意处死奴隶，不过一般情况下主奴关系也是一种和谐状态，毕竟奴隶心情不好影响奴隶主赚钱。

这里就有了一个大问题，北方为什么这么在意奴隶这事呢？难道北方人的境界达到了新高度？——事实上南方当时有虐待死黑奴的事，北方经常也有黑人找不到工作冻死街头的事，北方人有那闲工夫去帮助下北方弱势群体多好。而且解放黑奴后不是说黑人和白人就平等了，事实上，直到20世纪的1961年才废除了一系列歧视黑人的隔离法案，相隔整整一百年，所以这个就很难以理解。我们说，事出反常必有妖，这个妖是什么呢？

就是钱。

到了1861年，南北双方在钱的方面已经没法坐下来好好做朋友了，一方必须得改造另一方，不然双方真过不下去了。这又是怎么回事呢？

很多人都应该知道剪刀差，这玩意儿一直都是发达国家剪发展中国家羊毛的利器。比如那个著名的例子，早年日本人花100元从中国收了花生，然后在船上用机器把花生皮剥下来做成三合板卖回中国，卖120元，这样不仅赚了花生仁，还赚了20元。早年大英帝国剪全世界羊毛，就是靠这招——从全世界各国廉价收羊毛、粮食、棉花、铁、铜，然后用机器做成布、自行车等卖给各殖民地，赚差价。最赚钱的当然是现在的芯片，50g沙子做成的芯片就可以换500吨水泥回去。

当时美国也面临这么个问题，南方农场主和英国人打得火热，亲如一家，黑人生产出棉花后卖到英国，然后英国造出各种好玩的工业品。黑人那么贵，说明卖棉花也是暴利，而英国人更是暴利，建国的前八十年，南方什么都没干，尽忙活这事了。

但是北方发生了翻天覆地的变化，北方一直在拼命地发展科技，要升级工业能力，不仅要造蒸汽机、火车头，还要研发生产蒸汽机和火车头的机床，以及生产机床的机床，类似后来福特家的工厂那种能力，从工厂的一头把铁矿倒进去，从另一头出来汽车，而南方农场主的意思是拿铁矿去换汽车——这是举例，当时还没有汽车。

那么问题来了，北方自己搞研发升级，南方搞种植园，各玩各的，不也能相安无事吗？但事实上不行，这里涉及一个经济学里的难题，叫自由市场经济。

如果学过经济学，肯定知道比较优势和自由市场经济这两个概念。这是什么意思呢？就是说大家都把关税降到最低，这才是利益最大化的做法。真实的结果是，利益当然是最大的，但是利益怎么分是个大问题，往往就是技术强的那一边会把锅都端走，技术弱的一边剩下点汤。

比如民国时期一直有这个问题，关税太低，国内生产出来的东西质量肯定赶不上日本、英国、美国的，而且由于列强的生产率太高，生产出来的东西漂洋过海都比国货便宜，导致国货在市场上根本没有竞争力，什么也卖不出去。民族企业最后纷纷倒闭了，民国的工业反而倒退了。

那正确的做法是什么呢？其实英国、德国、美国、日本都是走了相同的路——把关税提起来，不让老百姓买更好、更便宜的进口货，买国产的产品，这样国产的产品能卖出去，就可以回笼资金，然后搞研发，提高质量，迭代一些年，迟早能追赶上。英国当初就是用这招打败了传统制造业强国——荷兰。

德国人更厉害，不仅高关税，而且在这个基础上做了理论突破，由国家主导买资本家的东西，让资本家快速回笼资金，并且国家投资企业研发，推动引爆第二次工业革命。我们所知道的西门子、奔驰、保时捷、克虏伯早年都是造大炮和坦克的，政府给他们提供科研经费和订单。后来的日本又在德国的基础上往前走了一步，率先在资本主义国家搞"产经联"，进一步说就是计划经济委员会韩国也跟进，国家直接干预，把几个企业拆开，各自攻各自的山头，比如现代搞汽车，三星搞电子。

日本、韩国先后攻陷了欧美壁垒最深的电子和芯片领域。

美国当时也一样，北方知识分子和工业主们已经注意到了，如果一直低关税，没有贸易保护，本国工业肯定发展不起来。但是如果提高关税，英国肯定也会报复性征收高关税，结果就是南方的棉花在欧洲一斤都别想卖出去，南方农业主就会破产，所以南方肯定不同意提关税。

其实当时美国上层主要是讨论这事，双方吵得要死，但这事普通老百姓是不会明白的。你跟他们说咱们要搞高关税，贸易保护，这样我们才能发展起来，他们会很生气，因为高关税之后他们就得花高价才能买到欧洲的好东西，平时只能消费质次价高的国货。

所以北方工业家只能跟老百姓说南方坏主要是因为奴隶制，要砸烂奴隶制，砸烂种植园制度，其实上层的意思是一起发展工业，然后搞高关税贸易保护。

南北双方的矛盾被林肯的上台给激化了，在林肯之前，美国总统基本都是出身于南方，史称"弗吉尼亚王朝"。美国总统想搞点什么需要有两院的授权，但是总统也有个否定权，工业主们以前说要搞高关税，到了南方总统这里经常被否决。

但出身北方工业党的林肯以极弱优势赢得大选之后，南方就失去了保险锁。果然，他上台后第一件事就是批准了北方工业主们提出来的一个增加关税的法案。这下捅了马蜂窝，南方说这日子没法过了，要离婚，要独立。按照当时的法律，南方是可以独立的，但北方肯定不会让南方独立啊。

事实上这时候林肯根本没提要废除奴隶制，只是通过了一个关税法案，南方就跑了，而且林肯反复说过，你们不跑我是可以不废除奴隶制的。战争期间，林肯不止一次对南方喊话：你们南方州谁要是放下武器不打了，就可以继续保持奴隶制。林肯本人也说："我从来没有主张以任何方式实行白人和黑人种族的社会及政治平等；也从来没有主张黑人也有选举权。""我们的终极目标是保住联邦，而不是废除奴隶制。"南方根本不理他，继续打。所以在南北战争进行中期干脆把奴隶制给废除了，这样这场战争变成了为奴隶制打的一场战争，而不是"反分裂"，更不是为了"钱"。

至于很多人说解放黑人是为了让黑人参军，其实这是不了解历史想当然了。事实上，直到八十年后的"二战"时期，针对黑人入伍美国都还有着诸多限制，不但限制了黑人参军的人数不得超过总人数的比例，黑人在美军中也只能在非战斗性的部队服役。海军招收的黑人几乎全部当了厨子，海军陆战队和空军更是几乎不招收黑人，就连人数众多的陆军也基本上不要黑人。黑人大规模参军是从越战开始的。

废除奴隶制还有一个深层次的原因，当时英国人是考虑过直接出兵去北美修理美国北方的，甚至在议会讨论过好几次，但是林肯通过了这个废奴法案后，就没法再掺和了，因为找不到介入的理由了，因为你不能为万恶的奴隶制去打仗。英国人在这方面非常认真，除非是去南非抢金矿那种战争，否则一定要找个冠冕堂皇的理由。

至于美国南北战争的过程，用一个词描述就是血腥，太血腥了。关键还是因为当时美国的作战思想没跟上武器发展。

线列步兵是拿破仑战争时期那种——当时滑膛步枪没准头，为了提高准确性，就需要大家站成一排密集地向前射击。但拿破仑战争是美国内战前半个世纪发生的，这半个世纪里武器早已经有了大发展。准头不行的滑膛枪早就换上了杀伤力惊人的线膛枪，线膛枪就是枪管里有两条线，子弹出膛时是旋转的，射得又远又准。而且还发明了机枪和威力巨大的大炮，这种情况下，最忌讳士兵们扎堆，扎堆简直就是找死。

而美国军队的指挥官很多都是西点军校毕业的，学习的完全是拿破仑战争时期的做法，而且南北双方都一样，结果可想而知。我们现在熟知的一些军事作战常识，比如散兵线、堑壕、匍匐前进等，在当时都是不存在的，大家直挺挺地排着队向前进，结果是成片地被屠杀。更不可思议的是，南北战争期间英国军事观察人员也在前线观察，目睹了血流成河之后也没吸取教训。

"一战"爆发后依旧采用集团冲锋，一天就被马克沁重机枪屠杀了几万人。

战争初期林肯一方非常不给力，打不过南方，不过北方实力雄厚，因为北方有工业，而且人多，前后动员起来二百多万人，南方人少只动员起来一百余万，所以北方打起来虎虎生威，而且后来开始在自己国土上搞"三光"。外号"屠夫"的北方名将谢尔曼带着大军直插南方腹地，在南方执行三光政策，以战养战，并且一把火烧了南方最富庶的亚特兰大，这一点在那本著名的《飘》里有详细记述。

《数据之巅》里提到南北战争中北军攻入南方后，用大数据思维把南方最富庶的地方标志出来，然后画出最短路径。大军不带粮草，沿途烧杀抢掠以战养战，完全把南方当敌国。谢尔曼将军搞"三光"太狠，成功毁掉了南方的战斗能力，挽救了国家。"二战"中美军的主战坦克就叫"谢尔曼"，就是为了纪念他，而很多南方士兵拒绝驾驶谢尔曼坦克也是这个原因。

进行到这里，战争本身已经没了悬念，毕竟谁也扛不住这种压力。所以后来南军尽管一直胜多败少，但还是扛不住家园被破坏殆尽，最后放下武器不打了，南北战争就此结束。

一场仗打下来，单是士兵就阵亡了几十万，比美军"一战""二战""越战"、朝鲜战争加起来都多。不过这场仗没白打，战后南方很多地主的土地被没收，落后产能被砸掉，美国在空闲出来的土地上修铁路，搞基建。南北战争后那些年是美国发展最快的几十年。等到1894年，美国经济已经成了世界第一，关税持续维持高达57%，一直到"二战"结束后彻底全方位成了世界第一，才开始鼓吹自由贸易降关税。

华尔街的崛起：铁与血的狂欢

美国人经常说他们给世界贡献了三件东西：宪法、棒球、华尔街。

这些年华尔街的名声坏掉了，尤其是2008年发生金融危机那会儿，几万亿美元突然蒸发，几百万人无家可归，一堆银行家坐在纽约美联储，威胁财政部部长如果不救助，大家就一起死。

捅了大娄子的华尔街后来没有一个人因此入狱——不对，抓了一个人，是瑞士瑞信银行的一个倒霉蛋。事后还是美国纳税人帮华尔街脱困的，到了年底各个银行为了稳住人才，又在那里发巨额奖金。

金融危机把美国人整得实在难受。尽管银行借的那些钱后来又还回去了，但是美国人依旧不爽，他们认为华尔街那批人是一伙收入过高的傻瓜。

尽管美国当下的民意对华尔街恨之入骨，但回顾过往历史，你会发现华尔街在一些重要关口上扮演的角色是多么的关键。

华尔街跟美国几乎同步诞生，帮助美国完成了三大基建工程——"伊利运河""跨州铁路"及"钢铁帝国"，美国由此走上了基建强国之路。更为关键的是，华尔街还帮助美国打赢了内战，不然现在的北美跟南美没什么差别。甚至后来的"二战"，华尔街也出力不少，关于这一点，电影《父辈的旗帜》里就有相关的情节：一位领导气急败坏地骂几个大兵不懂事，告诉他们如果国债卖不出去，前线士兵们就只能拿着石头跟日本人死磕去了。由此可见，当时华尔街的一个重要职责，便是帮着美国政府卖国债。

华尔街到底是干什么的，它究竟是怎么崛起的，又为什么这么厉害？

一、华尔街的由来

华尔街第一次登上历史舞台并不是因为金融，而是因为政治。1789年，在打完独立战争六年后，美国终于有了总统，也就是华盛顿，他在位于华尔街的纽约市政厅宣誓就任美国第一任总统。那个类似纪念堂的建筑现在还在，它的前边立了一座标志性的华盛顿雕像，看上去黑乎乎的，雕像中的华盛顿挂着后来被很多人称作"法西斯"的束棒站在那里。

华尔街这个位置非常讨巧，可以说是百年难得一遇的好地方。大家都知道，纽约是一个天生的大港口，四周都是陆地，中间有个大水盆，船开进去就可以躲避风浪。华尔街则是这个大港口里风力最小的地方，大家都愿意把船停在这里。

因为华尔街的这个特点，所以它最初是被用来当仓库使用的，船长们把货临时搁在这里，然后上岸喝个小酒之类的。时间久了，一些灵活的人，先是跑到船长们那里询问货卖不卖，多少钱卖，然后再放消息给自己认识的买主，鼓励他们去买，买主缺钱，他们正好有高利贷……一来二去，华尔街这地方便聚集了大量的"倒爷"及放高利贷的。华尔街1.0版就这么上线了。当然了，这点业务成不了气候，但开启了华尔街当倒爷的历史新河。

华尔街的第一桶金，是来自欧洲的钱。彼时的美洲，业务欣欣向荣，属于新生市场，欧洲有钱人纷纷跑到新大陆来投资。到了美洲后，这些投资客首先做的事情，便是在港口找人了解当地的赚钱行情。那么，该找谁打听呢？好比你早前去电脑城买电脑，门口什么时候都站着几个人在拉客，当时的纽约华尔街也一样，投资客一上岸就被一些人缠着，后来干脆就从这些人那里买股票。他们扮演的角色类似最早的"经纪人"。久而久之，这些"经纪人"成长为公司和资本的桥梁。

美国的各类公司一般有什么需求，比如需要借一笔钱，便去华尔街上找"经纪人"。后者将相关需求记录在小本本上，等下次有人说手里有闲钱，想做投资，他们便拿出小本，看看谁需要钱，这样资源和生产就匹配上了。

这些经纪人一开始聚在咖啡厅开展工作，后来干脆联合起来，成立了一个工会性质的组织，或者类似一个俱乐部，商量好互相不准恶性竞争，不准随便吸收新会员。如果有人想加入，得大家一起投票，票数超过一定比例才能加入。这就是大名鼎鼎的纽约证券交易所的前身，纽约证券交易所一开始指的是一伙人。后来大家赚到钱后，开始租比较宽敞的工作场所，越搞越大，终极形态就是我们现在看到的纽约证券交易所，可以算作美国标志性建筑了。

二、华尔街的春天

众所周知，金融这个看上去很高深的词汇，说到底其实就是借钱，把不同时空的钱聚集在某一个点上。比方说，美国人要修运河造铁路，向欧洲人借钱，这是空间上的转移资源；此外，还可以向未来融资，比如你买房，就是向今后的三十年借钱。当然了，在加入了期货、买空、卖空、保险、对赌、对赌协议上再对赌等之后，现代金融已经复杂到了没人能完全理解的地步，甚至连给一些金融产品定价都成了问题，这也是为什么华尔街经常招收一些学数学或者物理学的毕业生去当交易员。用经济学家陈平的话说，华尔街的人并不是太相信"看不见的手"。你想想啊，一条街上的人可以操纵整个市场，而"整个市场都在美联储的一个办公室里坐着"，你还在那里扯"看不到的手"，不是自取其辱吗？

进入19世纪30年代，华尔街迎来了自己的春天。以前都是小打小闹，卖个棉花，卖个保险，跟微信朋友圈的微商差不多。到了1830年左右，这群人玩得越来越大，因为美国要修铁路了。关于铁路，马克思有句话是这么说的："假如必须等待个人财产积累够才去修铁路，那恐怕直到如今世界上还没有铁路，但通过股份公司转瞬之间就把这事完成了。"

马克思为什么这么说呢？因为铁路太贵了。在19世纪，大家都知道修完铁路后可以有效促进经济发展，铁路修好运费会下降二十倍左右（相对陆运），很快便可以把当初修铁路的钱赚

121

出来。

美国修铁路最大的难题是建设的钱去哪找。最后美国的办法是去英国找——英国当时国内已经没什么可投资的，资本家手里握着大量的钱没地方花，天天想着投资的事。这时候美国人说要修铁路，他们当然争相入伙了。

天量资本从欧洲漂洋过海来到美国炒股，在华尔街换成美国的债券或者股票。华尔街的经纪人在收取一定的手续费后，将这些资本投入美国的铁路建设中，他们拿着英国人的钱去英国买钢铁用来修铁路，后来干脆借钱建厂自己炼钢铁。

到了1900年，美国生产的钢铁比整个欧洲大陆都多，英国人的钢铁在美洲一斤都卖不出去。从那时候起，英国慢慢变成了一个资本型国家，第一次世界大战发生，制造业立国的英国已经没法应付恐怖的战争消耗，只能靠变卖家产换取美国物资。到了"二战"更是完全支撑不住了，这一点电影《敦刻尔克》中就有相关的情节。

19世纪的时候，华尔街股灾不断，基本十年内就爆发一次，规模大的时候，能毁掉整个美国市场90%的企业。对，是90%，全国90%的企业一夜之间倒闭是什么体验？只有当时的美国人知道。这些股灾对美国企业造成了很大的伤害，每次都有很多人跳楼。美国历史上的金融大亨绝大部分下场凄惨，就是因为没法连续躲过股灾。

不过股灾的"好处"也很明显。1900年之前，美国股市里的钱都是英国人投资的，每次股灾，英国人的巨额财富先暴掉了。等到英国人高价买的股票只剩下零头后，美国人再买回来，这样英国人投资的铁路就跑到美国人自己那里去了，也就实现了天量财富的转移。这时候我们心中难免有个疑问，英国人为什么不赶紧收手，总干这种事呢？因为人性中的投机心理都一样，什么时候都不会变的。

三、在铁与血中爆发

到了1860年，华尔街的规模已经很大了，但在全球范围内依然排不上号，直到美国人自己打起来了。我之前有写过，美国的南北战争，实际上跟奴隶制一点关系都没有，或者说没多少关系，主要问题还是经济问题：北方拿了英国人的投资，要发展制造业，所以需要高关税；南方则要赶着黑人种棉花，然后天天卖棉花，买英国的工业品，所以要低关税，而且不让北方动关税，担心英国人报复。为此，南北双方吵起来了，后来商量不到一起了，南方想离家出走。大家注意了，当时美国的法律是允许南方州离开联邦的，但当时的总统林肯是个狠人，死活不让南方走。这就赤裸裸地违宪了。不过发动战争这个决策是非常艰苦的，在战争爆发前，美国已经连续四年经济萧条，联邦穷得国库里什么也没有，反倒是欠了几千万美元国债（当时的几千万美元可是个大数字）。当1860年南方各州宣布脱离联邦的时候，林肯已经穷到没法给国会议员发工资了。如果在这种情况下打一场战争，确实有点扛不住。林肯多次跟友人表示自己承受不了这么大的压力，经常彻夜难眠，担心自己是美利坚最后一任总统，担心美国先贤们创立的联邦在自己手上彻底崩溃了。所以，你会看到，这场仗打下来，林肯变得形销骨立，像变了个人似的。但是林肯这人非常硬气，还是决定维护联邦，一步不退，战争就打起来了。

战争开打之前大家都做了最坏的打算，开打后大家才发现之前还是太乐观了。南北战争是工业革命后的第一场战争，双方军事领袖全是糊涂蛋。线膛枪时代，士兵们肩并肩地向前推进，当然就是相互屠杀，一场仗打下来伤亡便是整个独立战争八年总伤亡的好几倍。另外，最大的问题是没钱，没钱就没法支撑战争，怎么办？当时联邦几乎所有人都在想这事，首先是加税，联邦政府几乎把所有能征税的地方全征了一遍，部分人嫌税太高不想交。为此，林肯政府签发了一个战争法案，成立了颇具传奇色彩的美国国家税务局，文官们挂着步枪挨家挨户去收税。为了征税挖地三尺，他们甚至一度让游骑兵去征税，这个税务局得到了联邦政府的一致好评，为南北战争的胜利做了很大的贡献，因为相当比例的战争经费就是税务局给征来的，但是税务局征税所得的款项远远不够啊，怎么办？联邦开起了印钞机，也就是大家熟知的"绿背美钞"。有阴谋论说林肯就是因为这玩意儿被杀的，其实这个影响不大，战争中才发了4.5亿，只支付了一小部分战争经费。

为什么不多印刷点1861年发行的5美元绿背纸币？因为这样做会引发超级通货膨胀，老百姓痛苦至极，容易出事。弄不好战场上还没彻底失败，民间就反抗了。

那剩下的战争经费怎么办？没错，就是华尔街给解决的。华尔街会借钱，联邦政府需要多少钱，就发多少国债，紧接着华尔街就去兜售这些国债。这个模式并不是新模式，英国就一直在这么操作，当初跟拿破仑打仗，都是英国向英格兰银行贷款，打完再连本带利还回去。以前一般是大户认购，就跟私募基金似的，100万起售，使很多希望投资的老百姓报国无门。但是华尔街这次搞出一个新模式来，他们把国债拆分成50美元一份，然后拿到市场上去公开出售，天天在报纸上煽动老百姓，说是购买国债就是爱国，并且还说国债将来可以升值，因为有利息。

通过卖国债，还可以团结全美国的人——儿子上了战场，家人买了国债，全家都跟联邦政府绑定了。也有人从一开始就知道北方林肯政府必胜，因为当时美国的工业设施都在北方，北方的战争潜力超南方好几个数量级。所以这些人从一开始就疯狂购进国债，在战后得到了逆天的回报。当然了，他们战前就很有钱，不然也没法收债券。

美国南方就没这么走运了，由于没有国债系统，税收方面也没北方那么有想法，所以只剩下了疯狂印钱，整个战争期间，南方通货膨胀率疯狂上涨。后来联邦军进来，整个南方的大城市被烧掉，农庄也被毁了，通货膨胀把老百姓也搅得痛不欲生，终于扛不住认输了。

华尔街还进化出一个新业务——黄金交易。黄金在战争年代属于硬通货，华尔街瞅准机会，开始在南北战争期间大肆搞黄金交易套利。怎么操作呢？也不复杂，如果一场大仗打下来，北方打输了，大家就会疯传战争马上要烧到自己家门口，到时候兵荒马乱，需要黄金这样的硬通货，所以就会疯抢黄金，黄金升值。如果打赢了，大家也就放心了，觉得手里拿着这么贵的金子接下来会贬值，不如换成钱买其他的东西，所以一起抛售，造成黄金贬值。既然有波动，就有人搞套利，华尔街的人加杠杆投机黄金，比如在一场大胜仗后趁着低价加杠杆囤积黄金，等到打了败仗再卖出去。

华尔街的人为了尽早知道消息，他们往往派人趴在战场边上围观战争结果。如果打赢了，赶紧一路狂奔到纽约通知抛售；如果打输了，赶紧买。到后来，林肯发现等战报还不如天天看着华尔街的黄金涨跌。战争持续了四年，在这短短的四年中，整个美国南方被打成了焦土，北方也奄奄一息，政府欠了天量的债务，几十万士兵战死疆场，几百万人无家可归。但是华尔街在这个过程中膨胀了几十倍，一下子从战前的默默无闻爬升到了世界第二大金融中心，规模直逼英国伦敦。

几乎很少有人聊美国南北战争之后黑人到底怎么样了。战后政府要求南方农场主交土地税，那时候南方已经被夷为平地，拿什么去交税？所以大量的农场都卖给了北方的工业主，这些工业主到了南方第一件事就是把农场上的黑人赶走，然后建工厂让白人来上班。黑人们痛不欲生，成了自由的倒霉蛋，黑人和白人在一起上班是很多年之后的事了。

如果农场没被农场主卖掉，黑人就继续在农场种棉花。小说

《飘》里说得很清楚。所以黑人们从来也不感激共和党解放他们，一直都支持民主党，共和党的人也不了解解放黑人这事。对于华尔街来说，这些都无所谓了，因为战后美国迎来了史上最快的发展期。烈火烹油，又是战后重建，又是西部大开发，天量的财富从欧洲继续向美国转移，投入了美国建设中，然后在1879年的大危机中几乎赔了个干净。当然了，美国人自己也赔得挺惨，格兰特带领北方联邦军打赢了南方叛军，后来当了总统，退休后没忍住去炒股，也把几十年的积蓄赔得一干二净，晚年靠写书度日。

四、魔性的华尔街

华尔街形成于美国独立战争之后，崛起于美国内战，真正彻底超越英国伦敦成为世界头号金融之都，是在第一次世界大战中。在第一次世界大战中，华尔街以超低价买下了英国在海外几乎所有的重资产。英国人当时急需要钱去打仗，也顾不得了，什么都卖，先卖给摩根，摩根转手再以两倍、三倍的价格卖出去。

战后华尔街又投资了潜力股德国，当时德国是全世界发展最快的，资本只追逐发展快的经济体，正如当初英国资本前赴后继投资美国一样。最后，华尔街在第二次世界大战之后彻底傲视全球。大家看出来了吧，每次战争，都是华尔街的一次爆发，因为只要打仗，就有天量资源要周转，金融中心就是干这个的，而且雁过拔毛，每笔钱他们都要收一笔手续费，可不就越来越膨胀嘛。整体而言，华尔街是活在不确定性当中的，资本在它那里聚集，只要可以发财，什么都干。

靠战争发家的华尔街，所有盈利的行业，都有华尔街的影子。

美国人为什么那么容易破产

从小看电视就发现美国人经常提破产这事，这也是困扰我很多年的一个问题，后来到海外出差，发现电视上原来没乱说。

奥巴马在2009年的国情咨文中指出，每30秒就有一个因为医疗费用破产的美国人，一年超过100万人破产。

这几年几乎每次跟美国熟人聊天，都会谈起这个问题，后来又上了不少网站，整体而言对这个问题有了一些理解。有些不明白的地方专门找人咨询了下，大概清楚了美国人破产是什么回事。

人们很容易产生一个误解，比如我们经常看到有人说"我朋友到美国住了俩月，他应该很懂美国"，这个想法是存在问题的。你想想，你在中国生活了几十年，你到底懂我们这个国家多少呢？你懂你所在的地方吗？至于医疗、保险、信用卡之类的问题，你又懂多少？同理可以推导到美国人身上。我这些年问了很多美籍华人，发现大部分人是糊涂的，连医保和养老保险怎么算都没太弄明白，后来一想中国的很多东西我也没太弄明白，也就坦然了。

一、医疗破产

美国社会公认的两大毒瘤是医疗和华尔街。华尔街主要是因为他们搞金融衍生品，自己赚到了钱，可是把别人坑害了。

美国的医疗又是另一种烂，又贵又低效，这一点在美国生活过的人应该都有感受。美国医疗的开销占到美国GDP的20%。如果把美国的医疗产业当作一个经济体的话，那这个经济体就是世界上第五大经济体，跟德国的GDP不相上下。

奥巴马当初上台的时候就承诺改变华尔街和医疗，所以当时的口号就叫"改变"。

奥巴马上台后推出了他的医改方案。奥巴马也算是部分改变了美国，不过美国人不大买账，恨透了他的那个医保方案。后来川普上台后又给改回去了。现在美国坊间有句话，说特朗普除了没法改变奥巴马当过总统这个事实外，其他的都给改回去了。

很早大家就发现，美国是保险公司和医疗体系合起伙来打劫老百姓。套路倒也不复杂，美国的医疗费用是美国政府负担一半，老百姓自己需要买保险，承担剩下的一半。在这个背景下，保险公司和医疗体系合起伙来搞事，把医疗费推高，这样你如果不买保险，随便一个病都能让你破产。

在美国，如果一个人半夜高烧，叫了一辆救护车去急诊，过了几天会给你邮寄一张天价账单过来，比如10000美元——美国急诊巨贵，救护车出动一次3000多美元，加上别的费用，给出一个上万的账单是常见的事情。

在美国一个论坛上有个热门的帖子，说一个女的晕过去了，周围的人打电话给她叫救护车，然后把她吓醒了。看到这么大的金额，她吓了一跳，觉得人生掉进了坑里。后来看到账单，长吁了一口气，她自己只需要支付10美元，剩下的由保险公司支付，心情经历了一次过山车。

这10000美元中，保险公司付了多少呢？你可能以为是9990美元，不，保险公司可能只需要付999美元。医院给保险公司打了个一折——这个折扣非常复杂，不同种类的项目往往不太一样，是保险公司和医院制定出来的规则。

很多人感觉保险公司交这么少不可思议——这就是"议价能力"，保险公司和医院有单独协议，有点像办了个"超级会员卡"，折扣就是这么低，就是这么优惠。

可能说到这里，人们也坦然了，医保公司和医院想怎么弄就怎么弄去吧，反正又没花我的钱。但是陷阱就在这里，相当于说医院和保险公司一起把医疗费推到了天价。在美国，一个人如果没有买保险，会遇到想不到的各种难题。但是买了保险，也一样会遇到想不到的问题。

有时候你买了保险，到用的时候保险公司却说已经失效，这种情况比较少见，但是确实存在。

最常见的情形是，一个人得病了，才发现自己买的保险没覆盖这种病。事实上直到保险公司告诉你得的病没被覆盖之前，你几乎不大可能知道保险到底没有覆盖哪些病。全世界保险公司都有这个问题——我们知道有种保险叫"重疾险"，就是为了保障普通保险覆盖不了的那些病，但是我们需要了解的是重疾险也排除了一部分"重疾"。可能一个人得了重疾险里不包含的病，就算有重疾险，保险公司也不会赔。

如果保险有问题，医院可不给你个人打折，人家对着账单收费；如果你交不出来，弄不好就破产了。

你可能要问了，既然保险这么重要，美国人会蠢到不买保险？

美国很多人不买保险的问题看似奇怪，不过也没什么奇怪的。在美国，政府让穷人和退休人员出一部分钱，政府再补贴一部分，但是依旧有15%左右的人不愿意买，后来经过奥巴马的不懈努力，降到了10%左右，而剩下的这些人怎么都不肯买，宁可交罚款都不买。

不过我们讨论的还真不是不买保险的人，美国破产的人绝大部分是买了保险的[①]。美国是先治病，然后再发账单，这些买了保险的人去看病，账单出来后保险公司两手一摊，说这个病没有被覆盖到，这个得病的人还不上钱，之后就破产了。在美国，这种情况非常常见。

《美国公共卫生杂志》上提供过一个数据，所有破产中有66.5%与医疗问题有关。美国每年估计有53万个家庭因医疗问题而破产。

欧洲看病看到破产的事相对少很多，欧洲政府支出巨大，一般都是政府帮忙垫付了，好处是人民很欢乐，不用破产了；难题是欧洲政府都要破产了。大家经常能听到"工党误国"的说法，说的就是很多人认为英国现在缺少竞争力，就是因为工党执政后各种搞福利，活生生把个大英帝国给搞没落了。

不过英国人快乐的日子应该要到头了，他们的政府正在商量，

---

① 不买保险的人出了问题大概率会破产，但是买了保险的人数和不买保险的人数相比，显然是买了保险的人数更多。不管买不买保险，人们得病的概率相差不会太大，但是买了保险的人得的重大疾病往往没有覆盖在保险里，买了保险得重大疾病依然会破产，所以买了保险的人的占比更高。

可能要把英国的医疗体系（NHS）私有化后卖给美国人。

二、破产是一种什么体验

如果一个美国人还不上钱，医院可能把他的账单卖给第三方催贷公司，催贷公司天天骚扰这个人，美剧《基本演绎法》里出现过这种情景。

当一个人天天接到各种电话恐吓，实在是不堪其扰，又还不上时，就可以去法院申诉破产。破产有两种，一种是"第七章破产"，也就是根据破产法第七章，除了助学贷款和赡养子女不给你免除外，其他的直接免掉，但是有个前提，你的收入比当地的中位数低才行，比如当地整体的中位数在五万美元左右，你一年的收入低于这个数，才能给你免。

当然了，不是说无条件的，你申请破产的时候借钱给你的人也会到现场。如果人家不同意你破产，你也不能破产，就得按照"第十三章破产"走破产程序。也就是说你收入并不低，所以不能直接免除债务，申请了这个破产后，借钱给你的人不能再骚扰你了，但是你得承诺在几年内还钱。

美国现在申请破产的，70%是"第七章破产"，也就是说，大部分都是低收入者。

破产后，这个人名下所有资产都要被清算，除了他的哈士奇给他留下，存款用来还债，其他房子、车等，都可能要被拍卖（当然也可能根据当地州法律给你留下房子），拍卖的钱还给债务人。

大家去美国，经常能在街边看到那些无家可归者支一个帐篷，把整条街都搞得很乱。无家可归者不一定是破产者，但是破产者确实很容易变成无家可归者，全世界都一样，人一旦进入了下降通道，很容易变得穷困。

破产申请成功后，接下来的七年时间，会遇到这些麻烦：限制高消费，只维持一些基本的生活需求，每年赚的钱多出来那部分都还债了。几乎告别信用生活，不能贷款，不能办信用卡，这一点在中国体验不深，毕竟很多人本来就不会用任何贷款、信用卡，但是在美国这种事痛苦至极。名声被毁了一大半，破产这件烂事不属于个人隐私，在网上可以查到，后续找工作和租房都会受到影响。

你可能纳闷了，欠钱不还七年后又过上了正常生活，考虑过被欠钱的人的感受吗？我也有这种困惑，后来找了一个专业人士问了下，说是美国人有两方面考虑：首先，欠钱还不上，不应该一棍子打死，确认还不上继续逼他也没什么意义，索性不如放一条生路。而且因为有这个制度存在，大家会考虑借钱出去的风险。美国讲究的是"自我负责"，你把钱借给可能还不上的人，就要反思自己的问题。美国人确实很少互相借钱，一般是刷信用卡。

其次，最关键的，破产这事对于普通老百姓操作空间很小，你去申请破产，往往是真混不下去了。

对于那些富豪来说，破产就是另一码事了——美国富人们会把财产搞成一块一块的，作用类似于邮轮的隔离仓，其中一块爆了，不会影响到其他的。破产制度对于一些人来说就是个工具，用来保护财产，破产制度本身就是资本家们给推动通过的。比如我们熟知的特朗普，已知玩过五次破产，对他们来说，破产制度几乎就是个法律漏洞。

破产制度加上基金会制度，简直是人类法律史上的一个奇观——你把你名下所有的钱都"捐了"，捐给一个不属于你的基金会，然后哪天你破产了，还可以继续用基金会的钱混下去，基金就是你的储蓄罐。

三、消费破产

我第一次接触到美国的生活方式，还是十多年前一个美籍华人在飞机上跟我讲的，那时候我都惊呆了。不过现在看来，也没什么了，无非是两件事。

美国几乎所有家庭每个月都透支，不仅每个月透支，还超前消费，每月工资一发下来几乎全部还了各种账单，这个月再通过信用卡来过日子。

2016年，林达写了一篇名为《川普上台，那头大象终于跑出来了》的文章，提到美国社会的一个基本事实：近三分之二的美国人拿不出一千美元应急。

后来大家为这事吵来吵去，有人举例说美国家庭收入中位数为五万美元，怎么可能这么惨？

其实我们乱猜是没什么意义的，去问问美国人就知道他们的真实情况了。我真的问了美国人，几个人告诉我他们没有一千美元，他们身边的人也没有——绝大部分家庭也没有一千美元，跟收入高低没关系。当然了，我不能直接问，我先拐几个弯，他们说着说着就拦不住了。

我还问过他们为什么会保持这么独特的消费观。我后来才明白，他们是对未来的乐观，觉得美国一直会繁荣下去，工作总能找到，将来的日子不会跟现在有什么不同，要跟自己妥协，要接纳自己，想买什么就买什么。

一个美籍华人说，美国人太平日久，没怎么经历过苦日子，自然对未来是很乐观的。

当然了，使用信用卡本来不是问题，问题在于分期。

有个美国教授在某视频网站上说，美国人陷入经济痛苦的本源就是数学差，算不清楚信用卡分期的贷款利率。他还表扬了中国人，说中国人数学好，能算清楚，所以中国人不爱用信用卡分期。其实这是对我们这边情况的误解，首先中国年轻人确实对信用卡兴趣一般，但是年轻人用花呗等非常多；其次我还真没见过几个人能算明白那个分期利率，那个算法非常复杂。不过Excel上有个公式，叫XIRR，如果大家有兴趣，可以用这个公式来算。

有个读者算了后，把利率发布出来，我选取了部分有代表性的银行（如图1所示）。

银行	12期分期利率	实际年化利率
A银行	7.20%	13.76%
B银行	7.92%	15.19%
C银行	8.04%	15.44%
D银行	8.40%	16.15%
E银行	8.64%	16.64%
F银行	8.76%	16.88%
G银行	9%	17.37%

图1 银行利率表

我们通过这个图表，就能了解到真实利率一般是接近每月分期利率的两倍，办分期就是借高利贷，很多人可能自己都没意识到。这一点不分东西方，全世界都差不多。

美国人更意识不到了，美国的东西都不大贵，所以广大美国人民一言不合就刷卡。刷完之后想起来下月可能还不上这月账单了，于是就分期，准备慢慢还。一笔分期可能不明显，这玩意儿多了效果可就不一样了，慢慢就入不敷出，反正每月工资都还给银行，生活只能靠信用卡，买大件就得分期，分期后就更没钱了，越陷越深。

如果一个人用了信用卡不失业，每月紧张点一般也不会出什么问题，但是一旦失业，麻烦就大了；如果失业后找不到工作，那麻烦就更大了。2008年美国经济危机的时候，一夜之间百万美国家庭申请破产，往往都是借信用卡还不起造成的——很多人信用卡欠了大量的款项，现金流断裂，很快就扛不住了。

我们上面讲了申请破产的时候一般债权人都会到场，如果他们不同意，你就不能免除债务。但是信用卡公司一般都会同意，因为他们发卡的时候已经把这部分违约率算进去了，那么高的利息，本身就是预留了违约空间的。

很多人可能会有疑问，因为美国的立国思想是清教徒的，他们对生活的基本要求就是生活只能有工作，完全不能有任何娱乐。这样一群人，是怎么过渡到现在这种状态的呢？

在1952年的时候，美国家庭欠债规模还不到收入的40%，之后一直在百分之六七十徘徊，但是到了1990年之后，开始疯狂攀升，2000年左右突破了100%，赚的钱还没有债务多。巨大的债务把美国拖下了泥潭，发生了2008年经济危机。

为什么在1990年之后美国人的债务突然高歌猛进了呢？因为那时候苏联解体了，美国成了世界上唯一的超级大国——美国人的实力和信心都达到了巅峰，对未来的乐观预判，让他们变得无所顾忌，整个社会急剧地变得过度消费。

除了医疗和信用卡导致美国人破产，房贷和助学贷款也是导致美国人破产的重要原因。房贷导致美国人破产容易理解,那是因为贷款贷太多还不上了。而助学贷款导致美国人破产,我们似乎理解不了——接触过美国人后就能发现,他们的助学贷款比咱们的金额大得多,经常一对夫妻还贷款要还到35岁。我们要知道中国的教育应该是世界上最便宜的。

第三章

欧洲大陆那些事

大航海时代：西班牙的暴走①之路

    西班牙主要依靠旅游业，那里的人们很浪漫，喜欢享受，不太吃苦。西班牙专注一些轻工业产品，比如包、衣服之类的。现在很难把西班牙和"列强"这个词联系在一起，事实上西班牙开启了欧洲的列强模式，在此之前几百年，欧洲一直是被暴打的地位，在西班牙之后，西欧逐步开始对世界呈碾压态势。

    在1469年，相当于我国明朝中期，西班牙两个王国卡斯蒂利亚和阿拉贡联姻合并了。这种情况在中国比较费解，但是在欧洲非常常见，后来的那个奥匈帝国，就是通过不断的联姻，版图扩张了好几倍。

    合并后的西班牙本土势力大增，在二十年后对岛上的阿拉伯

---

① 暴走这个词最先出现在1995年的TV动画《新世纪福音战士》中，是形容机体或者人失控从而导致的近乎野兽一样狂暴的行为，也有一层意思是说人的瞬间爆发力很强。这里是指西班牙迅速发展起来。

势力发动最后一击，彻底将阿拉伯人赶出了半岛，从此西班牙独立。

到这里，先把这条线索放下，我们得先了解一下经济史，不然理解不了西班牙为什么要搞大航海，也理解不了为什么他们能搞大航海。

我们知道，欧洲当时的货币是金子，金子本来就是贵金属，贵金属由于产量有限，有升值趋势，大家有了金子后第一反应是存起来，等升值后再拿出来。大家都这么想，市场上流通的货币减少，金子果然升值了。升值后大家发现之前的预期是对的，于是继续"窖藏"金币，流通货币进一步减少，继续升值，形成了"正反馈"，这种循环状态让欧洲掉坑里了。

很多国家的房价大概也是这么个情况。事实上，一个商品如果供应有限，持有成本低，但是流通性好，一般都会引发持有潮，进一步推高价格，如此循环。唯一的破解方法就是增加持有成本，收取房产税，或者增加供应，总之需要打破持续上升的预期。

最后欧洲市面上没钱了，陷入了通货紧缩，通货紧缩比通货膨胀要严重得多。这种状态下，基本上什么都干不了，因为没钱，商品价格倒是不高，但就是没钱。这种困局只能通过外部介入才能打破。这只是欧洲面临的其中一个问题。

欧洲还有一个问题，叫"内卷化"。由于生育率高，欧洲和中国历朝历代末期一样，陷入了严重的人口爆炸，人均拥有土地极低，而且人口供应量大，所以工人工资低，工资低的话工人就没钱消费。对经济学有点了解就会知道，这是典型的"需求不足"，需求不足，就没钱买东西，没钱买东西，就没法生产，即使生产出来也卖不出去。就这样，欧洲彻底被锁死了。

只有一个办法能救欧洲，就是天上掉下大量的金子来。只要有金子，就可以买东西，别人拿到钱后可以扩大再生产，扩大再生产就得雇佣工人，工人有了钱后就可以继续消费，工厂就可以进一步扩大再生产，社会就能够循环运转起来。这样才会有科学革命，有工业革命，有技术进步，才会有后来的一切。

所以欧洲人，尤其是西班牙人，患上了"黄金狂热"症，急切地要去找黄金，所以后来亚当·斯密就把大航海形容为"神圣化的黄金渴望"。

哪有黄金呢？这时候我们所熟悉的马可·波罗上场了，他说东方有。他声情并茂地介绍了他在东方（就是中国）看到的景象，声称遍地是黄金，蒙古大汗的宫殿都是金子做瓦片。欧洲人沸腾了，那得赶紧去东方啊。

反正欧洲人基本都信了马可·波罗的话，但是当时去往中国的路已经被阿拉伯人阻断了，怎么去？这时候就得提另一个观念——地球是圆的，欧洲当时有很多人相信地球是一个叠一个的乌龟，有人觉得世界是一株三叶草，还有一部分人认为地球是圆的，比如哥伦布——哥伦布相信马可·波罗说的，也相信地球是圆的。

人们对哥伦布现在当然是赞誉有加——航海家、冒险家、美洲大陆的发现者，其实回到他生长的那个年代，哥伦布是个不折不扣的失败者。哥伦布从二十几岁开始就狂热地向各国推销他的那套理论：既然地球是圆的，朝西走也能到中国。

这个想法在当时如此大胆而不切实际，以至于大家都不太能接受，大家对他理论的难以接受程度，相当于现在有人要集资研究水变油一样。所以哥伦布一直蹉跎到40岁基本一事无成，他是意大利人，却先后游说了法国、英国、葡萄牙、西班牙。到了1492年，哥伦布已经40岁了，他终于找到了投资人。

打败阿拉伯人的西班牙人投资了哥伦布。西班牙人为什么要投资哥伦布？主要是因为绝望了。西班牙人跟葡萄牙人当时在海上竞赛，到1492年，西班牙已经处于完全的劣势，试尽了所有的办法，也没能找到出路，这时候才想起来早就被扔到垃圾堆里的"哥伦布方案"，准备死马当作活马医，来个激进疗法。

就这样，西班牙人给哥伦布七凑八凑弄了三条帆船，又找了几百个死囚，封他为海军上将，哥伦布就气势十足地出发了。

随后哥伦布就找到了古巴，然后他得意扬扬地觉得到了印度，中国就在眼前，这个"执念"一直持续到死。如果哥伦布死前知道自己去的地方离中国和印度还有一万公里，会不会死不瞑目？有一个关键问题，他当初忽悠西班牙王室说要去找黄金，那他找到黄金了吗？——古巴那地方除了鹦鹉啥也没有。所以哥伦布就带着几只逮到的鹦鹉和抓到的"印第安人"回到了欧洲。

虽然哥伦布没有找到黄金，但是意外地发现了两项跟黄金差不多盈利的业务：奴隶和烟草贸易。首先，美洲大陆的土著印第安人哪是作战经验丰富、装备精良的西班牙人的对手，印第安人没怎么反抗就被圈起来了。其次，船员们发现印第安人的烟草可以止疼。西班牙人哪疼呢？——梅毒，欧洲人当时梅毒的得病率比我们想象的要高。可以说西班牙前期是靠奴隶和烟草，后期是靠美洲发现的黄金撑起了其列强的地位。

有了利润，西班牙就有了运转下去的动力，跨大西洋贸易机器就这样被发动了起来。需要强调的一点是，当时印第安人的三大文明——玛雅文化、阿斯特克文化和印加文化，都在南美。前两个在现在的墨西哥那一带，印加文明在秘鲁那一带，反正都是在南美，所以以打劫为生的西班牙人基本都在南美活动。北美也就是现在美国、加拿大在的那块地方当时没什么价值，后来这片没什么用的土地归了殖民美洲比较晚的英国。

现在大家明白了为什么南美很多国家的人都说西班牙语了吧？那南美为什么没有西班牙人呢？西班牙人跟黑人、印第安人融合了。

后来日本一度人口压力大，也把本国人往南美送，现在智利那地方有很多日本人和当地人生育的后代，比如球星内马尔，很可能就有日本血统。美国种族隔离比较严重，现在依旧黑白分明。现在的南美已经看不到西班牙人了，但是西班牙人的一些恶习遗留了下来，比如宗教狂热、没有经商头脑、懒散、及时行乐、热爱喝酒。

一般来说，每个民族都有点自己的"特长"，比如英国人特别擅长用别人的代价去达成自己的目标，擅长合纵连横。

德国是由普鲁士军事贵族发展过来的，擅长生产武器。现在那几个生产宝马、奔驰、保时捷汽车的公司，以前都是造坦克的。现在卖电梯的克虏伯，以前是造大炮的。

西班牙在大航海之前就没干什么，尽打仗了，锤子的眼里满世界都是钉子，西班牙人的眼里满世界都欠砍一刀。美洲土著当时的主要技能是文身、石器、天文、祭祀，这些技能难以发展自己，更难以保护自己。

哥伦布发现新大陆之后，整个西班牙的人在利益的驱动下前往美洲。坚固的铁甲、刻着十字的盾牌、锋利的重剑，偶尔还操作火铳，对于新大陆上处于旧石器时代的土著来说，简直就是变形金刚降临，经常出现几百个西班牙人追着几万美洲土著在砍。当时的土著还在使用石头制成的武器。通过这种血腥的屠杀，西班牙人打下来一个面积比西班牙本土大十倍的地盘。

西班牙人的势力范围避开了后来的美国领域。如此大的版图，让西班牙成了"日不落帝国"，是的，西班牙才是原版的"日不落帝国"。

西班牙打下这么多的殖民地，而且在秘鲁发现了大量的金矿，当地土著被杀得差不多了，怎么经营呢？这难不住西班牙人。对于西班牙人来说，只要能抢，他们就不会费力去买，他们去非洲抓黑奴，让黑奴给他们挖矿、种烟草、种可可、种甘蔗和橡胶，西班牙人一方面人少，另一方面也不会干这些。

有了钱之后的西班牙人继续一路"风骚"，他们把黄金拉回本土之后基本上只干了两件事，一是去买奢侈品。在16世纪，什么东西才是最酷最炫、最有型、最配得上土豪西班牙人的品位呢？当然明朝的丝绸和瓷器！现在大家知道中国南方在晚明的时候为什么工商业非常繁荣了吧？全世界一大半的金银跑中国来消费了，搞得明朝一度被通货膨胀折腾得苦不堪言。

另一件事是为了维持打劫力度，防止被打劫，一直维持着同时和第二、第三强国开战的标准。造最大的炮，喝最烈的酒，去最好的医院，就是西班牙人那些年的日常。

此时的西班牙，英国在给它到处抓奴隶，荷兰是它的海上马车夫（是的，荷兰一开始主要是给西班牙人开船的），葡萄牙把东方的丝绸运回欧洲卖给西班牙人，西班牙海军当量相当于列国之和。此时的西班牙看着处于无敌状态，当时几乎所有人都觉得西班牙会一直强盛下去，谁能想到，巅峰状态的西班牙迅速滑落。

荷兰的资本家怎么砸了自己的国家

说起荷兰，我们现在已经很难想象它曾经雄霸整个大西洋，一度垄断了东西方贸易。现在说起这个国家，不了解的人可能只能说上一个"大风车"，了解多点的人可能会说到他们那个夸张的拦海大坝，不过都很难把它和"列强""最强海军""世界银行""东印度公司"等词汇联系起来。

所以，我突然想写一篇大家都能看得懂的文章，追忆下这个曾经的"超级大国"。

一、被"切断"的贸易之路

聊荷兰就得先聊丝绸之路，如果没有这件事，可能很多事都不会发生了。

中国人从汉朝就开始卖给罗马人丝绸之类的东西，可是汉朝人不太了解西边是什么情况，罗马人也不太了解汉朝。原因也好理解：地理隔绝。

丝绸之路正好路过亚欧大陆的交界点伊斯坦布尔，也就是以前的君士坦丁堡，总之这里是必经之路。

丝绸之路并不是汉朝人直接赶着驴，驮着丝绸就去欧洲了，那是清朝时候的山西商帮干的事。整个中国古代都是一节一节把丝绸卖过去的，比如南方人先把丝绸送到甘肃，甘肃人途经河西走廊，卖到新疆，新疆的商人再卖给中亚人，中亚人卖给波斯人，波斯人卖给土耳其人，土耳其人卖给罗马人……几万公里的路程，被拆分成每几百多公里一截，有点像击鼓传花，头尾两端的人根本没见过面，沿途每转手一次，货物价格就飙高一次，依靠这种价值差，丝绸就"跑"欧洲去了。

当然了，很多东西也会沿着这条路回到中原，比如胡萝卜、胡椒、胡桃、胡瓜、葡萄、石榴、蚕豆，据说都是从西域来到中原的。还有一些动物，比如驴和水牛，据考证也是从丝绸之路引入中国的。

1453年，土耳其人攻陷了丝绸之路的必经之地君士坦丁堡。之后买卖没法做了，因为垄断了路线的土耳其人不厚道，直接把丝绸和香料价格提高了十倍——爱买不买，大不了丝绸自己穿，香料自己留着炒菜了——这下欧洲人受不了，他们不是舍不得买，是真没钱。那时候是金本位，金子本来就稀缺，又被控制在少数人手里。

从金融角度来说，整个欧洲中世纪其实就是在通货紧缩中打转。周而复始，经济根本没法发展，那时候又没有中央银行调整货币供应量。尽管欧洲一直都是市场经济，但就是因为没钱，一直在低水平层次上打转。这时候欧洲人急眼了，到处找新航道，谁如果找到通往亚洲的新航路，谁就可以富可敌国。有这么大的利润刺激，欧洲的冒险家们不顾一切地出发了，也就有了我们知道的发现新大陆。

二、西班牙的没落

发现新大陆这事长时间看来是必然的，被哥伦布发现反而是偶然的，因为哥伦布把去往亚洲的路线少算了一万公里，大概觉得去印度三千多公里的距离还行。正好投资他的西班牙人也是糊涂，也没算明白，就信了他。哥伦布拿到钱就上路了。

哥伦布一直往西边溜达，还真让他瞎猫碰上了死耗子，发现了新大陆。

哥伦布到死都相信，他到达的是印度，而不是什么新大陆，那上边的人都是"印度人"（"印第安人"是他对美洲土著的错误称呼）。

发现新大陆的西班牙，可能算是500年间崛起的大国里最不靠谱的国家——跟所有暴发户一样，在美洲发现银矿、金矿发财后，什么正经事都没干，就搞了两件事——消费和造军舰。前者是为了爽，后者是为了继续抢，而且谁敢抢他金子他跟谁拼命。

当然了，西班牙人在美洲发现那么多钱，他自己也没闲着，国内通货膨胀也很厉害。如果那时候你在投资一个工厂生产饼干，原料和人工费用极高，生产出来的东西由于成本太高，没人能消费得起，就只能干脆不生产了，所以西班牙一直没有核心产业。

有人问为什么工业革命没有发生在西班牙，毕竟它比英国崛起要早——西班牙连手工业都没有，还要什么工业革命？

西班牙那么多钱把周围的狼都吸引过来了，那真叫一个刺激，西班牙的对手主要有这几个：德意志诸侯、尼德兰银行团（荷兰前身）、意大利城邦、奥斯曼帝国、法国、英国等。尽管单打他谁都能打得过，可惜抵不住这么多一起上，而西班牙又没像英国一样有了钱搞工业升级科技树。

西班牙内外交困，折腾了上百年——最气人的是英国，人家西班牙人去西边找印度，葡萄牙人去东边找，英国人去北边找。

北边不是北极嘛，到了北极冻死好几支探险队，投资打水漂了。英国人也不气馁，既然东西两大航道都被控制了，那我干脆干海盗打劫吧。

海盗前身基本都是海军，那时候一艘大船比现在的驱逐舰都贵，不是普通几个亡命之徒凑点份子钱能玩得起的。无数次招惹西班牙人之后，西班牙人怒了，无敌舰队出发了，没想到点背竟然被打败沉入大海了，而且这样的事不只发生了一次。西班牙人终于伤筋动骨了，欠银行团的钱还不上，人家不愿意再贷款。偶尔贷款，利率也极高，西班牙更还不上了……总违约，更贷不到钱，越来越弱了。最先崛起的西班牙就这么就慢慢落后了。

三、荷兰的独立

西班牙的钱花哪去了？去了英国、印度、荷兰。西班牙自己不会造船，它的船在英国造，荷兰也造，后来荷兰的造船技术越来越厉害，它的造船厂高度机械化，几乎一天能生产一条船。

由于荷兰在造船方面有成本优势和技术优势，荷兰的船主可以削价与竞争者抢生意。西班牙人去美洲贩卖奴隶、贩卖金银，不是西班牙人自己倒卖，雇的是荷兰人。这相当于从那时候起，荷兰是家运输公司，替西班牙人跑业务，其实荷兰当"海上马车夫"比荷兰当霸主早得多。

荷兰一边当"车夫"，一边顺便在西班牙人钱不够时放高利贷，利息回流本国发展工业，荷兰慢慢就崛起了。

荷兰是在一个古时叫尼德兰的地方。

荷兰多种语言新版本的国家徽标上面尼德兰的意思是"洼地"，表明荷兰在一个坑里。大海涨潮时能把荷兰给淹了，所以荷兰人很早就有"修大坝"的技能。荷兰修了一座30公里长，20层楼那么高的大坝。

不过这个坝露在海平面上的只有六七米，真去看的话就发现没想象的那么霸气。环境不太好的地方一般有两个极端：善于经商或者穷得很。荷兰人就善于做买卖，所以荷兰人一直都挺富。但是，一个富裕地区跟"超级大国"是有差别的，荷兰当时才150万人，这是很大的短板。

刚开始荷兰是西班牙的属地，这一点荷兰人原本是没意见的。后来西班牙要增加税收，荷兰人怒了。其他的都好说，要钱不行，荷兰人的钱包是神圣不可侵犯的。加上宗教因素，荷兰独立战争打响了，也叫尼德兰战争，这一仗打了八十多年，打打停停，因为西班牙还得去解决其他问题。

一开始荷兰人不是西班牙人的对手，后来荷兰人的各个邦开始联合起来，英国也开始支持荷兰人独立，派远征军去欧洲大陆参战，战争才打成了半僵持。时间一长，到处开战的西班牙人终于耗不住了，最后任由荷兰人独立了。这场战争被称为第一场资产阶级革命，因为荷兰这个国家当时主要是由资本家组成的，相当于一次资产阶级无法忍受暴政发起的武装反抗。

抗战成功后的荷兰人成立了一个商业共和国，这种组织现在已经不存在了。它标志性的特点是政府非常弱，资本家们坐在一起讨论问题，商量好了开干，基本没政府什么事。这种机制的优点是可以充分放大商人们的创造性。而缺点是致命的，一个松散的商帮，没什么凝聚力。其实这也是一场独立战争打了八十年的原因，经常是西班牙打过来大家一起抗战，西班牙人一走荷兰内部又陷入了商人式的相互扯皮。

四、荷兰的崛起

荷兰人的发家秘诀，很大的原因在于荷兰人既能做买卖又能做海军。

荷兰人发明了一种船，上边没有武器，全部装粮食，这样造价便宜，装的粮食又多。但是荷兰人崛起后，不可避免地给自己的船装上了大炮。所以说，完全的市场经济只存在于理论中，现实世界中的市场第一个面临的问题就是暴力。

荷兰的武装商队到处圈地，不服就打。荷兰人先后战胜了西班牙人、葡萄牙人与英国人，从他们手里夺得马来群岛、孟加拉、马六甲、泰国等，在印度马拉巴海岸和科罗曼德海岸、日本等地设立商行。荷兰人的势力范围主要是在亚洲。

荷兰人把信用运用得极其到位，信用这玩意儿特别有意思，浅显点的谁都理解，亚马孙丛林的土著都知道说话算数的战士值得信赖。但是复杂起来正常人的脑子往往又不够用，比如美国现在开动印钞机印钱然后就可以从中国和日本买工业品，而委内瑞拉政府、阿根廷政府却不能拿自己的钱去买东西，以及美国通过美联储加息、降息"剪羊毛"，本质都是信用。

土著战士值得信赖是因为他很长时间里说一是一，言出必行；而美国的信用源于它的军事强大，海军就是美元的抵押品。荷兰人的信用也来自它久经考验的行为模式——从不赖账。

"信用"这种名声树立起来非常难，但是一旦有了这名声，就有海量资源供你使用。不过这些都是前提，荷兰人还有个制度创新，就是荷兰东印度公司，英国也有一个，法国后来也有一个，而且是差不多时间开的，目的就是从事东方贸易。

既然有东印度公司，自然少不了西印度公司——荷兰西印度公司最厉害的就是从印第安土著那里买了块地，起名"新阿姆斯特丹"，也就是现在的纽约。还有一块地，起名"新尼德兰"，也就是现在的曼哈顿。这个公司的存在简直就是对西方经济学的嘲讽，因为经济学里说，资本家会相互竞争，降低价格，最终消费者受益。

荷兰商人就是最早发现他们国内的商人们竞争太激烈，导致谁也赚不到钱，干脆就联合了，十几个在亚洲做贸易的公司干脆就合并了，成立了一个史无前例的怪物。因为它不仅能够自行组建雇佣军性质的军队，发动殖民战争，还能发行货币、建立殖民地，乃至与有关国家订立政治条约，基本是一个国中之国。

后来荷兰不行了，英国崛起，英国的那个东印度公司跟荷兰的差不多，公司有武装，总督跟国王差不多，统治着一亿人，比英国本土人都多。正是依赖东印度公司这样的巨无霸，17世纪是荷兰人的世纪，主要贸易是茶叶、香料、瓷器等。巅峰时期的17世纪中叶，全世界共有2万艘船，荷兰人就占了1.5万艘。

五、英国的出击

那曾经如日中天的荷兰东印度公司为什么会走向破产呢？主要原因是来自英国的恶性竞争。荷兰本来准备跟英国人来一次商业上的大比拼，而且他们有信心把英国人比下去，没想到英国人上来直接就踢翻了桌子，拔出刀来砍人——荷兰一群商人坐在一起商量，说维持的军队数量太多，要不裁军？大家一合计，裁军就可以减税，于是果断裁军。这一举措让英国和法国都高兴坏了，拎着刀子就上门了。英国人不得了，对自己狠，对别人也狠，一直跟在几个大国背后，打了西班牙打葡萄牙，然后再找荷兰的茬——英国海盗天天骚扰西班牙，西班牙崩溃后又天天骚扰荷兰。所以欧美五百年间崛起的大国没有一个能用经济学解释清楚的，清一色靠打劫和贸易保护上位。

从1652年开始到1784年，爆发了四次英荷战争，英国在战争中越战越强，而荷兰的国力却被逐渐消耗。尤其是第四次英荷战争，东印度公司损失了近70%的公司资产，这是后来破产清算的重要原因。

在第二次英荷战争中，法国趁荷兰虚弱，动员了十几万大军进攻荷兰。荷兰政府阻挡不住法国人，一败再败，愤怒的老百姓跑去把当时的政府首脑、资本家头目德维特抓起来吊死在了路灯上，然后把他的肉割下来卖掉了。有幅名画叫《德维特兄弟的尸体》，讲的就是这件事。

这场战争结束后，荷兰彻底失去了与英国博弈的筹码，英国可以毫无压力地将荷兰商船击沉并且不怕报复。慢慢地，荷兰不再拥有之前那种卓越的信用了，别人可以随意击沉你的商船，你却没法报复回去，大家还怎么相信你？还怎么敢把货物交给你？懂得这个道理，就明白了这些年一些学者提到的"带剑经商"。事实上你有这个决心和能力，你反而不需要使用这种能力了，这就叫信用。哪天你不断地使用这个能力，或者威胁这个威胁那个，很有可能信用已经出问题了。

当时这几个国家都是老牌资本主义强国，还没有工业革命——虽然贸易这么发达，在海上溜达来溜达去，其实依旧是手工业时代，军舰什么的都是手工工厂生产的。

工业革命是很晚的一件事。英国先成了海上第一强国，然后爆发了工业革命，而不是反过来。海上第一强国的地位让英国拥有了前所未有的大市场，大市场催生了技术创新。为什么这五百年中世界性强国一个比一个人口多？因为强国都需要巨大的市场来支撑，本国没有人口就没法建立庞大的内部市场。而工业革命爆发的时候，荷兰早就已经衰落了。可以这么说，荷兰、葡萄牙、西班牙基本上没赶上工业革命带来的红利。

荷兰走下坡路的另一个原因就是"被贸易保护"了。为了击败荷兰，它的两个老对手英国、法国从1651年起通过了几个航海条例，核心的内容是今后英国本土和殖民地用到的所有船，必须用英国的，而且不许跟荷兰人做买卖。

航海条例出来后，英国海军采用绞杀式的封锁战术绞杀荷兰人，荷兰人完全没法做生意，首都阿姆斯特丹街道上杂草丛生。后来北美独立也跟这个条例有很大关系——大家都喜欢跟荷兰人做买卖，便宜而且从不违约，但英国就是不同意，北美人民抗议，英国继续不理会，加上其他的一些事，北美就造反了。而且英国这个时候就体现出来了其人多的优势，英国人口比荷兰多得多，海外到处是殖民地，占据了几乎所有的重要港口和殖民地，并且怂恿海盗击沉荷兰商船，到处签发私掠许可证。荷兰人有苦说不出，打又打不过，因为英国人就是海盗出身，非常能打，再加上法国海军天天骚扰，躲又躲不开，毕竟自己是做买卖的，不去见客户哪行，但是一出门就遭劫掠。就这样，荷兰人一点一点地虚下去了。

不过这个过程中最关键的一个因素我们一直没说。战争需要花大量的资金——欧洲当时每次开战前就要发行国债，英国人打仗胜率高而且信誉好，投资回报率也非常稳定，深得投资市场的欢迎。早在第一次英荷战争之前，荷兰资本家就在不断地投资英国套取高额收益。而且英国为了吸引投资，故意拉高利率，准备打赢仗抢劫完慢慢还。所以，资本家开始盯上新崛起的英国，大量的荷兰资本流入英国，到最后，荷兰资本家干脆搬到英国去了，自此荷兰也就没什么戏份了。可以说，英国人拿着荷兰人的钱打败了荷兰，资本才是没有感情的杀手，疯起来连自己都砍。但这还不是故事的结尾，搞工业起家的英国人继续投资美国，在美国搞工业修铁路赚钱，自己弄了个空心化。

陷入"发达国家陷阱"的法国

这个世界上本来就有很多坑，走的路多了，很容易掉进其中的一个。自从大航海时代以来，西方发达国家基本无一例外掉到了一个叫"发达国家陷阱"的坑中。

这是什么情况呢？简单来说，有这么几个特点。

首先，高福利，高税收。

这个有目共睹，发达国家里除了美国福利差，其他国家都要好很多。福利几乎人人喜欢，很少有人说我就不喜欢有人给我买单。但是高福利的背后就是高税收，税收和福利是左手右手的关系，福利较好的法国GDP的一半都交了税。

很多西方国家的税收，说是取之于民，用之于民，其实往往是取之于一部分民，用之于另一部分民。对于美国，政府开支大头是打仗——给了军火集团了。至于法国的税收，主要是用于难民、单亲妈妈及医疗开支，其实纳税主力中产阶级从中受益跟他们的付出不成比例。举个例子，在法国，单亲妈妈完全可以不上班，在家生孩子就可以衣食无忧，与此同时白领却承担着高税收。

在欧美，事实上想让有钱人纳税非常难，他们找会计，找律师，总能找到漏洞，再不济就把财产转移到海外。所以欧美各国中产阶级都是纳税主力，一方面这伙人有点钱，另一方面这伙人跑不掉，最重要的是，这伙人害怕失去的太多。

高税收下，最痛苦的其实就是中产阶级。同时伴随着大户的持续出逃，法国这些年正在持续经历这种痛苦。大户出逃会导致经济持续走低，但是财政支出降不下来，毕竟穷人、单身妈妈、难民越来越多，几乎是在一个螺旋下降的通道里打转。去年我在法国，一个当地的员工就跟我说，他们法国这些年变化不大，工资也不怎么涨，支出反而多了起来。

其次，国家先发优势正在耗尽。

什么叫"国家先发优势"呢？也就是西方国家在大航海之后率先进入工业国，积攒了大量的家底，这些家底够他们消耗很多年。这些家底一方面是专利，另一方面是技术。

专利好理解，比如一些组装公司基本就是给西方交专利费的——跟很多人理解不一致的是，西方的很多发现其实是在极其偶然的情况下发现的，我们举个例子。

科学家在实验室通过一万次实验极其偶然地发现了A，然后再在A的基础上搞实验，又经过一万次实验偶然得到了B，然后继续这个流程。几百年里，西方从最初的几块铁矿石，硬是这样一点一点发现了可以做核反应堆的材料，或者做飞机引擎的材料，然后他们不告诉别人这个过程。如果发展中国家想直接从铁矿石研发到做飞机引擎，要么重复他们这几百年的发现过程，要么就直接买他们的成品，他们开出高价，让发展中国家的人养着他们国家的人。

上边说的那个过程，就叫"进化算法"，这种算法搞出来的东西几乎都是不可重复的，因为任何一个中间产物有偏差，结果立刻就跑偏了。所以后发国家想通过重走西方路赶上去非常非常难，赶不上就得买，而先发国家可以一直吃老本到天荒地老。

但是这些年西方国家发现原本天衣无缝的理论出现了瑕疵，首先是20世纪日韩等亚洲国家和地区迎头赶上，发挥出亚洲人那股坚韧劲和举国体制，成功突破了欧美森严的壁垒。是的，最早玩举国体制的是日本，安倍晋三的祖父叫岸信介，岸信介是日本战后的内阁总理大臣，一直学的是苏联。

后来被朴正熙移植回韩国，搞定了"汉江奇迹"，也是因为朴正熙目睹过日本怎么搞经济，韩国后来就是在朴正熙的手里实现了经济的腾飞。

通过巨额投资和大家的齐心协力，不懈努力，送大批留学生到西方，这些留学生中总有一部分会回国，他们回国后就把部分技术和思路带回来了，日韩就攻陷了西方的汽车领域壁垒。大家要明白一点，计划经济在追赶方面有先天的高效性，但是缺乏灵活性，也缺乏活力，不能长期搞，长期搞就僵化了。计划经济和市场经济结合，就能形成巨大的优势。

再次，发达国家普遍在研发方面投资乏力，缺乏增长空间。也就是说，十几年前没有投资研发，现在也就没有经济增长动力；现在没有研发投资，再过一些年也不会有增长动力，彻底掉坑里了。

研发科技就是孕育未来，按理说各国都应该拿出大力气来发展科技。事实上自从苏联解体后，西方就开始把本该用于发展的资金用在人们的消费上了。当初苏联没解体的时候为了抑制苏联扩张，西方疯狂发展科技，洲际导弹、互联网、超大功率飞机发动机都是为了应对苏联核打击搞出来的。再看现在，美国航天局在1973年就拥有了"土星五号"这样的大杀器，但是到现在反而没了。

现在除了美国、德国，欧美国家基本都掉坑里了，但是说了这么多，说的不是这篇文章的主题，接下来说法国——为什么法国人动不动就要跳出来抗议？

关于法国，有句英国人编派的话是这么说的：只有圣女贞德和拿破仑才能拯救法国。

当初英法百年战争期间，法国连年战败，法国人已经失去了信心。贞德这位16岁的瘦弱女性横空出世，扛着大旗走在队伍的最前边，带领大家从一个胜利走向下一个胜利。

拿破仑对法国的影响很大，一度让法国在欧洲变得辉煌。最辉煌的时候，在欧洲，除了英国，其他国家都臣服于法国，或者和法国结盟。

很多人对路易十四不熟悉，一般认为是他奠定了法国在欧陆的霸权，为后来的各种发展奠定了基础。

法国主要是在路易十四和拿破仑时代"暴走"了两次，但是这两次影响很大，导致法国跟英国差别很大，以至于法国一直都很"左"。

是不是不知道"左"和"右"的区别？"左"就是激进，"右"就是保守。"左右之分"正是起源于法国大革命期间，大家开会，保皇党坐在右边，激进的革命派坐在左边。从那时候起，法国"左翼"就开始有个特点：如果你认为眼前的一切不是你想要的，那就推翻它。谁能想到，这个特点后来发展成了他们的民族特点。

英国就是典型的非常"右"的国家，比较保守，到现在都留着国王，而且主要保障两个权利，私有财产和自由。私有财产看起来好理解，就是别人有钱你不能抢，这还用说吗？事实上它比较复杂，复杂就在于"抢劫"的定义。要知道，在英国很长的一段时间内，把从富人那里征税转移给穷人，让穷人不至于饿死，这种行为就被定义成"抢劫"。那肯定有人会问，穷人活不下去怎么办？

答案是"你看着办"，你有自由嘛，你可以选择饿死，或者去抢劫，但是英国早期的法律极其残酷，即便是第一次偷面包也会被剁手，第二次逮到就会被直接吊死。你也可以去新大陆，尽管那边每年的死亡率高达80%，一百人上岸，第二年就剩下二十个了。

而且当时的英国政府还认为企业主有压低工资的权利。因为英国当时人多，大家一起竞争，工资自然一直上不去。而且由于当时"羊吃人"，村里的地也被圈起来了，农民的选择不多，要么去海外冒险，要么去矿上当苦力。当时欧洲对英国人的评价就是"一个英国工人的寿命只有三年"。

资本家把省下来的钱拿去搞研发，有研发才有未来，或者存到英格兰银行吃利息。英格兰银行把这些钱借给国家去造军舰打仗，打仗打赢了抢到钱给大家分红，或者继续投钱买军舰，去抢殖民地，抢市场，形成一个"正反馈"。事实上英国殖民世界，靠的就是舰队和金融。

英国老百姓在国内过得不好，便亡命天涯。就这样，全世界到处是英国的殖民地，到处是英国冒险家，因为当时待在英国本土也非常冒险，还不如出来试试运气。

后来美国又学习了英国的这个特点。直到现在，美国在发达国家里福利应该是最差的，这跟它的历史有关。

美国和英国一样，对罢工游行之类的事向来零容忍，比如在那本《机关枪的社会史》中就说得很清楚。机枪最早的订单就是美国资本家买来镇压工人罢工的，装备资本家的私人武装早于军队。

英国和美国的资本家通过镇压工人罢工，把工人的成本压到最低，剩下的资本拿出来搞研发和扩张。

资本的本质就是先攒钱，然后再去钱生钱。资本积累的过程往往充满了血腥和屠杀，这还不是最惨的，像美、英、法这些国家有海外殖民地，主要是在海外搞清洗。

像日本、俄国这样的后起之秀，在海外没有殖民地，资本积累过程就只能在本国完成，用剪刀差洗劫农业来弥补工业。

为什么要讲英国、美国呢？因为需要对比法国，法国跟英美不一样。

英国人对别人狠，对自己也狠，最终在多个层面实现了突破。无论是制度创新，还是技术创新，都有决定性的改变历史的东西搞了出来，比如蒸汽机、议会制、中央银行。

但是法国人一直都是处于尾随状态，一开始尾随荷兰人，荷兰人搞工业，法国人也跟着搞，荷兰人跑运输法国人也跑；后来英国人大举在海外搞殖民地、搞工业革命，法国人也折腾殖民和工业化。

第一次工业革命时代需要铁和煤，铁用来做机器，煤用来做动力。如果一个国家没这两样，第一次工业革命无论如何也完了，比如印度在这方面就非常吃亏。法国恰好煤、钢特别多，学会造蒸汽机之后就顺利工业化了。

法国人做的很多事情，很少是自己创新的，全是采用的跟随策略。讲英国历史必须讲海外开拓、讲工业革命，但是讲法国历史的时候，基本就革命一个主题了。

法国人这种跟随的习惯，带来了两方面的影响。

一是法国发展成本低，不需要自己去试错，社会成本自然就低很多，不需要像英国、美国那样往死里压榨底层。底层没有习惯被压榨，所以法国人想法多，动不动就想和上层社会平权，法国左翼思潮就这么起来了。

很多人认为法国人比较激进、比较左的时候，会说法国有一堆左翼知识分子，但这个不是关键，关键是法国的老百姓信那一套，动不动就抗议。

二是法国有折腾的空间。法国之外的其他国家，像俄国、日本折腾空间并不大，折腾一次就倒霉，几十年缓不过来。唯独法国，条件好、人多、资源足，还可以采用跟随策略——法国不断地革命，国家也没太变坏，偶尔确实还变好了一些。时间长了，人们就达成了共识。

法国人不像美国人，美国人从来不惯着老百姓。南北战争期间富人可以花钱免军役，穷人没钱必须去打仗。纽约老百姓不想参军，后来演变成骚乱，一万多军警顶上刺刀就开始弹压，并且海军动用大口径舰炮和重型榴弹炮轰击，很快就平息了。

在著名的1932年华盛顿惨案中，2万多退役老兵齐聚华盛顿，被政府强力弹压，出动骑兵和坦克驱赶。当时下令的是麦克阿瑟，传达命令的是艾森豪威尔，亲自带着骑兵、坦克去弹压的是巴顿。更逗的是，对面带着暴民闹事的就是后来的美国总统杜鲁门。尽管杜鲁门当初被镇压过，但后来杜鲁门上台后对罢工的事非常不客气，不像法国政府一样动不动就屈服，坚持强硬政策。

一言蔽之，法国人有折腾的基因，根植于他们从法国大革命开始就有掀桌子的毛病。

美股已经塌了，欧盟压力也很大

我们今天继续用不带一个专业名词的方式给大家解释一下现在全球金融界最关心的另一个"雷"，也就是传说中的"欧债"，它爆掉的概率极大。

如果把国家当作家庭，欧洲那种福利型社会可以分成这么几种：

第一种，富商家庭。

家里只有一个人在赚钱，但是老婆、孩子、爷爷、奶奶、外公、外婆过得还不错。瑞士、丹麦、挪威、卢森堡就是这种状态。这些国家有一些积累和底子，又有一小部分人比较能干，其他人就可以躺着吃喝玩乐。这类国家都不太大，袖珍型国家就可以这么玩。

第二种，家道中落的家庭。

有些国家以前阔过，阔的时候为了让大家能过上好日子，搞了一堆的措施照顾大家，如今家道中落，坐吃山空，幸福生活随风而去，还没想好接下来怎么搞。比如英国、法国，这两个国家这几年事情不断，其实衰退才是核心问题，所有的问题不过是表象。

第三种，借钱度日的人。

有些国家没啥家底，却过着跟富商家庭差不多的生活，这种家庭几乎想都不用想，那肯定是借钱度日。欧洲一堆国家都陷入了这种泥潭，看完本文大家自然就知道了。这也是欧洲接下来动荡不断的根源。

正是因为他们借钱不还，引发欧洲银行体系产生了剧烈波动，一直持续到现在，欧盟也差点崩溃。

一、欧债危机到底是什么？

欧债危机的事要从希腊说起。

希腊其实本来还行，1000万人口的国家，占着那么一大片海域，可以发展航运业，国土上还可以种橄榄。

希腊整体得天独厚，比荷兰强得多。

不过荷兰条件不太好，经济却搞得有声有色，全球最大的半导体制造商之一ASML就在荷兰。这个公司是生产光刻机的，那是种非常复杂的工业产品，一台能卖好几亿。

但是希腊不行，只能生产点高端橄榄油。

1999年欧盟正式启动欧元，为了防止落后分子拖后腿，规定欧元区成员国必须是勤俭致富的国家，而且定下了准入门槛，首先规定欠钱不能太多，其次规定每年财政花钱不能太多。希腊看了一眼自己的账本，发现自己既欠了很多钱，而且每年花得太多，不够资格，所以没能顺利加入欧元区。

到了2001年，高盛的交易员找到希腊，说你加入欧元区的愿望这么强烈，他们却不接纳你。这样吧，我帮你做下账，让你看起来没有那么大的问题，他们不就接纳你了吗？

希腊一直希望能加入欧元区，享受流动性的资本红利，在高盛的掺和下，希腊给了高盛很多钱。高盛对希腊的账目进行了一番复杂的操作，账目竟然真的看起来不那么差劲了，欧元区审核过程中也没发现问题，希腊顺利加入欧元区。

不过加入欧元区并没有给希腊带来想象中的好处，甚至问题一大堆。咱们举几个例子。

在加入欧元区之前，希腊多少有点工业，尽管没法跟"北欧四强^①"和德国相比，但那时候货币是独立的。希腊经济不行，但是可以贬值本国货币，增加竞争力，或者拉高关税保护本国产业，多多少少还能给自己留点工业底子。

此外还有个事比较复杂，不了解国际金融的人可能理解起来比较费劲，经济不强的国家，货币也不行，比如澳大利亚最近经济疲软，货币大幅贬值，反倒有利于它出口了。

希腊也一样，没加入欧元区之前尽管经济弱，但好处是自己生产的东西也便宜，还有关税，多多少少能卖得出去。

加入欧元区之后就不一样了，货币是一样的，没法贬值，而且没法搞关税，工业完全没法跟北欧强国比，很快那点工业就被挤垮了，失业率高得离谱。希腊只剩下了橄榄油和旅游业了——北欧冰天雪地，欧洲其他地方再厉害也产不出希腊那么好的橄榄油来，而且也没有爱琴海那么漂亮的景点。

不过希腊人不能天天晒太阳、看风景、涂橄榄油，工业品也得用，生活还得继续。另外希腊人口老龄化很厉害，国家养着大量的老人。

希腊的各党派也不太敢跟选票过不去，一直在扩大福利开支

---

① 北欧四强：瑞典、丹麦、芬兰、挪威。

来讨好选民，政府一直在扩招公务员，1000万人口的国家，去掉老人、小孩、残疾人，剩下400万劳动力，竟然还有100万是公务员，简直匪夷所思。希腊非常多的人懒散到了极点，经营着一个大港口竟然能赔钱。

希腊需要很多钱，但是自己又没钱，怎么办？能怎么办，借呗。

希腊从德国、法国那里借钱。希腊加入欧元区后占了个小便宜——欧元区的利率是按照德国水准定的，非常低。希腊就一直借贷，然后买他们的产品，没钱了就借新债还旧债，债务累积越来越严重。

整体而言，希腊过上了"借债度日"的生活，主要依赖欧洲强国贷款续命，但是进一步讲，德国也在搞"经济殖民"，吸希腊的血，把希腊吸成了一副空壳。

同理，德国这些年把波兰、意大利、西班牙、爱尔兰等国的工业打得落花流水，还让这些国家过上了借钱度日的生活，更可怕的是这些国家的老百姓基本浑然不知。

原因我们在上面说了，他们这种差距太大的国家用同一种货币这种结果基本不可避免，发达国家肯定吸落后国家的血。

欧洲这样运行了十来年，在2009年，终于扛不住了，同时美国次贷危机来了，并且开始向全世界扩散。

美国那边把穷人的房贷打包成理财产品向全世界兜售，就像高收益理财产品似的，好处是回报率高，毛病也很明显，你想赚点高利息，它却想要你的本金。欧洲各大银行都买了不少，甚至连冰岛也买了不少，问题是冰岛是个什么国家呢？

据2018年的数据，冰岛这个国家只有35万人，全国近亲结婚太严重，以至于基因学家经常去冰岛做研究。而冰岛的中央银行负责人是个诗人，日常工作就是写诗，他的首席助理是个专业渔夫。这么个国家都在玩金融，可想而知欧洲当时多疯狂。意大利、希腊都没少买美国的垃圾债券。

美国次贷危机来了，希腊就掉进了坑里，政府只好咬牙给银行打钱，让银行先挺过去再说，这部分钱一下子引发了质变——希腊新上台的政党一看账本吓了一跳，明白希腊濒临破产，为了防止破在自己手上，赶紧宣布前任政府欠了一屁股债，债务是GDP的113%，而且每年还有赤字，这是什么意思呢？

打个比方，一个人一年能赚10万元，但是这个人欠了11.3万元；不但欠钱了，这个人每个月还"月光"；不仅"月光"，每个月还继续刷信用卡欠钱；而且还管不住自己的小手，下个月还要欠。

总之还不上了，让欧洲强国们看着办。

欧元区也吃了一惊，突然发现原来希腊欠了这么多钱，这分明是还不上的节奏，而且一深入研究，发现刚才那"一惊"吃早了——不止希腊，南欧那几个国家也都在借钱度日——西班牙、葡萄牙、意大利、爱尔兰都欠了一屁股债，债主基本都是德国和法国的银行。德意志银行就是从那个时候开始一直处于倒闭的边缘，2019年大裁员，差点没扛过去。

唯一高兴的是英国，在边上看笑话，因为它没借钱给希腊，它不只淡定，还在那里说风凉话，"早说了欧元区搞不成""你看看你们多不小心""别说我没警告你们"……

这下希腊反倒不着急了，着急的是德国和法国。打个比方，你借了几百万给一个没有偿还能力的人，你和借钱的人谁会着急？

德法两国的内心苦啊，怎么搞出这么个破事来？！而且外界都质疑欧元区到底能不能行，是不是过不下去了，要散伙了吧？欧元要贬值了吧？

不过这不是最大的问题，最大的问题是杠杆和金融衍生品，现在全世界几乎所有的问题都源于这俩东西，万恶之源。

杠杆就是借钱，你要去买黄金，拿出100万元，黄金历史性暴涨10%你才能赚10万元，但是如果你从银行借了3000万元（三十倍杠杆），拿着这3000万元去炒，暴涨10%你能赚300万元。不过毛病也很明显，黄金跌3%，你的本金就没了。

欧洲那些银行也一样，他们的钱全是借的，希腊借钱消费，德国、法国的银行借钱放贷，而且整个欧洲几乎所有的银行加了几十倍杠杆搞这些债券的金融衍生产品。稍微有点风吹草动，希腊、意大利几个国家破产倒是小事，欧洲的那些大银行也跟着破产了，大家熟知的什么德国千年家族和各种新贵，财富都在银行里存着，弄不好就被爆掉了，这可怎么办？

这就是欧债危机。

欧债危机不是希腊欠钱还不上，而是希腊还不上钱这事差点引发整个欧洲银行体系的崩溃。希腊本身没那么大能量，但是它触发了欧元区的一个大危机，也就是它们极其复杂的衍生品交易市场，以及信心危机。

这是为什么呢？

因为欧元区不是一个国家，欧元区更像一个行会，互相做买卖可以，但是互相买单绝对不行，即货币统一了，财政却没统一。欧元区内部的问题基本全是这个问题的衍生品。

危机出来后，处理过程我们不准备细讲了，麻烦不断，总结起来就是：

欧元区：希腊你为什么欠这么多钱？

希腊：我为什么欠这么多钱你心里没点数？

欧元区：你能不能行？今后能不能少借钱？

希腊：我得跟老百姓商量。

欧元区：救你不是不行，但是要拿你的小岛、码头、港口、橄榄油抵债。

希腊：不接受，我要公投脱欧。

欧元区：那你先把钱还了。

希腊：条件能不能不那么苛刻？条件不那么苛刻我就接受，并且不脱欧。

欧元区：看你这么诚心诚意，那就打个九九折吧。不过你得大规模加税，多辞退点公务员，上调退休年龄，省吃俭用尽快还钱。

希腊：我还是接受刚才说的那个条件吧。

欧元区：不行，必须接受新条件。

希腊没办法，只能认了。

随后希腊宣布要加税，要削减公务员。2010年希腊乱成一团，发生了大罢工，大家走上街头抗议政府向欧元区屈服，但是政府也没什么好办法，只好硬着头皮受欧元区和老百姓的夹板气。

不过好在欧元区的贷款终于来了，希腊避免了国家没钱开张处于半崩溃的状态，继续过上了借新债还旧债的生活，不过也节衣缩食偿还欠款。

欧元区大国们也长吁了一口气，欧元区和欧洲的那几个银行总算没崩溃，这事就这样过去了。

说到这里，大家可能纳闷了，退出欧元区不就行了吗？为啥不退出欧元区？一方面，现在民选政府没那个魄力，也没那个必要承担这么大的风险，万一退出后过得更不好了，那就没法交代了。另一方面现在的倒霉都是前任造成的，退出后倒霉的可是现任的责任，没人会承担这风险。

二、欧债还没结束

说到这里，大家都看出来了，欧债危机其实并没有得到彻底的解决，而且也解决不了，只是通过贷款来往后推。

最好的办法就是欧元区各国财政统一，发达国家补贴落后国家，大家一起致富，但是欧元区远远做不到。

欧债危机之后，希腊和其他国家走上了不同的道路。

它终于意识到欧元区不待见自己，它在欧元区眼里就是个累赘；欧元区后悔当初没把账查清楚，不小心把它放了进来。

然而中国的企业看到了这个商机，比如希腊最大的港口比雷埃夫斯港当年亏损700万欧元，2010年中远中标了三十五年的经营权，中远购入70%的股份，现在被打造成地中海第一枢纽港了，已经算是中资港口了，也实现了盈利。

而且希腊跟中国的企业合作，一直在搞25万欧元移民项目，大家可能也看到了，最近几年不赤字了，2018年说是终于不用救济了。

不过希腊好那么一些了，不代表欧洲整体全好起来了，欧元区是系统性问题。

意大利有五个希腊那么大，无论是人口还是经济规模，在欧元区排名第三，问题是不止一个意大利，还有旁边的西班牙也问题重重。

欧洲已经到了危机的边缘，就跟美国似的，上一次金融危机没解决问题，这次重新来，带着双倍的压力。欧债危机也一样，上次根本没有解决，用贷款给掩饰过去了，本来他们应该去杠杆，但是这十年他们也没改正错误，反而变本加厉，现在极高的概率要把上次欠的都还回去。

第四章

血腥的西方资本还有没有下一站

嗜血的资本主义

我对经济史和金融史特别感兴趣，这也跟我的软件工程师的背景有关。作为一个工程师，我对理论兴趣一直不大，总是试图了解理论在实际中是怎么应用的。

经济学也一样，我记得十几年前第一次看亚当·斯密的《国富论》，发现他一直在批驳行会、重商主义、贸易保护、教会等。这让我非常纳闷，完全不懂他为什么和这些东西仇这么大。

后来看了一些经济史的东西，才发现他那个时代是贸易保护的时代，行会控制着各个行业，教会有土地，但是土地上宁可种蒲公英，也不愿意拿出来搞工厂，才明白他的理论都是在说他的那个时代。

随着时间的推移，知识慢慢积累起来了，有了更高的视野，才发现事情并不那么简单。亚当·斯密是一个天才一样的人物，但是全世界没有一个国家通过他的思路做大做强，英国是贸易保护起家这个不多说，亚当·斯密全文都在批驳。

但是英国之后所有强大的国家全部是靠贸易保护起来的，比如美国被称为"贸易保护"的策源地；德国李斯特把贸易保护搞成了理论；日韩后来通过高关税保护幼稚企业，这个模式被抽象解读成"东亚模式"。

而这些国家，在发达后无一例外高举"自由贸易"大旗，对"贸易保护"横加指责，一副"敢不自由贸易就要弄死你"的作态。

说到这里，大家明白了吧，所有强国都是"穷则贸易保护，达则自由贸易"。

道理不复杂，你是一个小孩，你敢跟大人同台无规则格斗吗？如果对方是泰森，你敢吗？是不是得先保护起来，等你长大了，然后再考虑自由格斗？

这种类似常识性的东西本身并不复杂，奇怪的是有些人自从学习了经济学之后就不懂了。

资本主义的核心一句话就能说清楚：以资本增值为目的的一种观念。在《人类简史》里作者说了，其实这些东西本身并不存在，而是一种共识，跟公司、自由经济、国家、计划经济、恐怖主义、素食主义，甚至钱一样，它们本身都是一种观念。一开始接受这个观念的人很少，由于它扩散性好，接受的人越来越多，慢慢扩散到了全世界。

而且大家也要有个常识，资本主义并不等同于市场经济，也不是工业化，它出现得要早得多，哪里能实现财富增值它去哪里，从贩毒、卖奴隶到发动战争，从灭国、屠城到野蛮圈地，它什么都干。资本主义本身才是目的，战争、自由经济、工业化、技术提升都是手段。

我们不讨论资本主义的起源到底是在什么时候，我们按照一般说法来，最早在威尼斯。

威尼斯人主要做两件事，放高利贷和奴隶贸易，高利贷好理解，奴隶贸易是怎么回事？

当时中亚是阿拉伯人的地盘，欧洲是基督教的地盘，这两方一直在对峙，中间打打闹闹，不过贸易从来没断过，打闹归打闹，但是钱得照赚。当时从中国、印度运到欧洲的棉布、瓷器、丝绸等，就是通过阿拉伯人转给威尼斯人，威尼斯人作为"三道贩子"倒卖给欧洲人。

而且当时阿拉伯国家的国王需要大量身强体壮的奴隶。当时威尼斯人雇佣维京人也就是现在的瑞典人和挪威人，去乌克兰和俄罗斯平原上抓斯拉夫人，威尼斯人坐着吃差价。

斯拉夫人就是后来的俄罗斯人，不过那个时候还没有俄罗斯。维京人不只抓斯拉夫人，偶尔也抓黑人。黑人从中国唐朝那会儿就在当奴隶，当时威尼斯人逮到黑人后卖给阿拉伯商人当奴隶。这些阿拉伯商人带着黑人到处溜达，一部分还溜达到了唐朝做买卖。

通过放高利贷和奴隶贸易，威尼斯人积累了天量财富。大航海时代开始后，威尼斯人开始投资西班牙人、荷兰人、英国人去美洲扩展殖民地，商业资本从那时候开始，变成了战争资本。

资本主义从诞生起就追求自我增长，有点像病毒，或者钱。

可能跟大家以往了解的不一样，欧洲发现新大陆后，一开始是在忙着种植烟草和香料相关的植物。真正改变局面的一件事，却是种植棉花。

西班牙和葡萄牙分别去找东方，后来葡萄牙绕过非洲找到了印度和印度尼西亚、马来西亚等地方。葡萄牙在印度收购棉布，在印尼、马来西亚收购香料，拉回欧洲卖给上层社会赚钱，这些产品在当时都是奢侈品，获利丰厚。

这个贸易的过程中全程通过武力操作：

需要在非洲搞一个的补给站，当地土著不配合怎么办？打啊。

到了印度当地土著不做买卖怎么办？打啊。

商船往来，遇上海上劫掠怎么办？继续打啊。

西班牙也一样，在美洲扩展殖民地，逼着当地老百姓给他们挖银矿、种烟草，但是挖银矿和种烟草过程中最关键的两样东西——土地和劳动力（这两样现在也是生产的核心），都得通过武力来解决。

当地老百姓本来可以自给自足，根本不想搬迁或者去银矿里送死，所以西班牙人一贯的做法就是威胁：要不听我们的去挖矿，要不就去死，赶紧选一样。

那时候的贸易就叫"武装贸易"，想做买卖全程都要打打杀杀。打仗就得借钱，资本在这个过程中全程参与，并且不断滚动。说到这里我们也看出来了，回到本源去追溯现在这轮全球化，大家会发现一切都起源于国家暴力，是暴力打出来的市场。

欧洲发现美洲后的第二个阶段是"纺织业"。

我们现在感觉纺织这事没什么太值得关注的，但是如果追踪过去五百年的资本主义史，会发现纺织业是主角——蒸汽机、火车、轮船、南北战争、印度殖民地、工业革命，都围绕着纺织业展开，而且纺织业是主因，甚至后来几乎所有的强国，都是从弹棉花做起的。

我们以英国为例。

英国最早是给低地国家①供应羊毛的。在15世纪，荷兰、比

①低地国家是对欧洲西北沿海地区的荷兰、比利时、卢森堡三国的统称。地理学家们在有关欧洲的地理著作中，常把比利时、荷兰放在一起叙述。由于比利

利时的纺织技术是全世界一流的。英国当时主要的任务就是在国内薅羊毛去荷兰卖，但是很快就发现卖材料的没有卖成品的赚钱，所以迅速调整了策略，不卖羊毛了，开始自己研究纺织技术，然后织布去欧洲卖。

但是纺织技术从来不是随便能获得的，所以人类历史上第一次大规模有决定性意义的技术转移发生了。

在机器大生产之前，技术主要是在技术工人的脑子里，就跟现在的某些手工艺品制作似的，所以那个时代时兴"偷人"。

英国反应过来不能傻呵呵地专注薅羊毛，要搞生产，赶紧开始筹划自己搞纺织，纺织技术就是从荷兰偷了一堆技术工人开始自己搞。

很快英国的纺织业发展起来了，后起国家又从英国偷人，比如欧洲纺织棉花的技术基本都是从英国偷的（纺织羊毛的技术是从欧洲到的英国，纺织棉花的技术则是从英国到的欧洲）。所以英国在1720年左右通过了法案，说谁要是跑到海外六个月不回来就别回来了，家产没收。这个法案一直持续了一百多年，直到技术凝聚在机器上。

时、荷兰濒临北海和英吉利海峡，同卢森堡及北部的部分地方称为"尼德兰"，即"低地"，所以1830年比利时脱离荷兰独立后，人们仍称比利时、荷兰为"低地国家"。

不过英国限制技术外流的法律并没有什么用，美国的制造业之父塞缪尔·斯莱特就是个英国技工，把英国人最引以为傲的极其复杂的织布技术带到了美国。他在美国是英雄，在英国是"史上最著名叛国者"。而且这人到了美国第二年，美国就出台了专利法，防止别人抄他们。

英国把国策调整为"纺织强国"改变了后来的一切。为了多薅羊毛，英国上层资本家把自己家的土地和公共土地圈起来放羊，把农民赶出去自生自灭。这就是我们熟知的圈地运动。

当然了，圈地运动中的普通人非常痛苦，普通人被赶出去之后，为英国资本家提供了大量的廉价劳动力。因为英国的劳动力廉价，英国生产出来的东西便宜，所以在国际上有竞争力！

随后英国资本家在海外贸易中大规模从印度进口棉花制成的棉布。纯棉的东西跟羊毛纺织成的粗布衣服相比，当然纯棉布更舒服，随后英国又调整策略，自己生产棉布。

英国这次产业升级对世界的影响是翻天覆地的。英国要生产棉布，但是质量怎么也比不上印度的。既然正当竞争不行，英国干脆用武力解决。东印度公司通过在印度的一系列操作，用武力灭掉了印度本土的纺织业，让印度安安心心地给英国提供棉花，英国纺成布去欧洲和非洲卖。

英国在发展纺织业的过程中为了巨额商业利益，商业资本开始放飞想象力，而且当时的英国法律不像现在这样严谨，当时搞出一系列人间悲剧。

比如第一个问题，原料供应问题，棉花去哪找？整个欧洲都不能种棉花，所以英国纺织业刚起步的时候，主要是依赖印度进口，但是很快的，英国那边工业越来越猛，效率越来越高，印度开始供应不上了，英国人需要重新想办法，怎么办？

于是英国人开始到美洲去种棉花，美洲人力不足怎么办？英国人通过找奴隶解决这个问题——西班牙人开始贩卖奴隶，英国人则使贩卖奴隶冲上了高峰。到了18世纪，形成了两个核心、一个纽带——两个海外的种棉花地区，经过商队运到英国，在英国加工。

英国的纺织业带动了其他大量的行业——最高峰时，英国有一半的劳动力投在了纺织业上，剩下的一半投在其他支持行业上。比如纺织机需要工厂加工，海外护航的军舰需要大炮，所有的机器生产都需要炼铁，炼铁需要挖煤，挖煤又得多铺几条铁轨，铁轨又需要铁——铁路是早于火车的，当时是用马拉着车皮，蒸汽机出现后给车皮装了一个蒸汽火车头，于是火车就出现了。这样循环扩大，英国国内热火朝天，整个国家都笼罩在瘆人的雾霾下，河水都是黑的，因为造军舰挖煤、挖矿（矿洞里每隔几米就得用一截树桩顶着，防止塌下来），整个英国的树木被砍了个干净。如果当时从天上往下看，全世界最强大的英国整个国家就跟个大铁丘似的，烟雾缭绕，黑乎乎的。

环境成这样了，那人呢？海外奴隶的处境极其悲惨，英国本土工人也是悲惨的。其实很多书里都提到过当时英国工人的状态，比如奥威尔的《通往维根码头之路》里就讲到了。当时英国上层富可敌国，底层穷得叮当响，全国2000万人食不果腹，处于极端贫困状态。

到了19世纪初，英国的普通工人、市民，仍然是全家住在一个卧室里，睡一张床。不要说家庭伦理了，就是最起码的公共卫生也远远不如清朝内地普通农民的卫生水平。

英国早期用童工用得很厉害，直到1833年，英国还有20%的煤炭工人是十来岁的小孩。你们能想象十来岁的小孩下矿井挖煤吗？当时工人的平均寿命为30岁。而且1847年，英国出台政策，说9岁以下小孩不准下矿，可见之前有多常见，并且规定13岁以下的每天工作不能超过十个小时，叫"十小时工作日法"。

前段时间英国房地产商还挖出一个坑来，里边埋着几十个当初塌方被埋的小孩，都戴着矿灯，最大的一个12岁。前段时间看一本书，说马戛尔尼于1793年来中国，看到中国人普遍穷，非常感慨，然后中国一些无知的人据此得出结论说那时候中英差距很大。其实马戛尔尼就是个典型的何不食肉糜的上层贵族，他根本不知道英国普通老百姓过的是什么生活。不是说清朝当时过得多好，单就底层生活质量而言，英国当时真没脸笑话清朝。

事实上从某种程度上讲，资本主义不如奴隶制，奴隶是奴隶主的财产，奴隶主不会跟自己的财产过不去。而资本主义时代，工人是资本家的消耗品，用完拉倒。有人举了个例子，那个时代，奴隶和工人的关系，等于你自己的自行车和共享单车的关系。

说到这里，接下来的一个问题是资本主义社会的工人是怎样慢慢改变自己的处境的。当然不是良心发现，资本主义从来都是赤裸裸的算计和博弈，很少会出现"良心"这种东西，资本主义发生改良也这样。

主要有三个原因。

首先是机器越来越复杂。这个很好理解，挖煤、纺纱是个人就会，但是没经过培训，你会修蒸汽机吗？而且后来的纺纱机也越来越复杂，工人工作很多年才能掌握。这部分技术工人最先跳出苦海，因为他们的替代性不那么强，所以有了议价空间，就像现在的程序员一样，技术含量高，所以比搬砖工人工资高。不是说搬砖不疲劳，而是替代性太强，你不干别人立刻就顶上了，所以工资上不去。熟练技术工人最先形成了西方的中产阶级。

其次是革命。八小时工作制、医保、养老保险的出现，一方面是西方各种运动妥协出来的，另一方面也是欧洲上层目睹了其他国家的革命之后，心有余悸，开始立法强制资本家把部分利润分给底层，防止底层活不下去闹事。还是那句老话，资本家不怕革命，他们随时可以跑路，但资本家的国家怕。

西方商人一直是依赖国家给他们用武力打通商道，开拓殖民地，他们依赖国家，国家怕革命，这种恐惧传导到了他们身上。所以拿破仑革命、1848年革命、巴黎公社，这些事一点一点对全局产生了影响。

最后一点是向海外转移矛盾。那些年欧美有个特点，每次经济危机就是开战的时候——19世纪、20世纪前期和中期（20世纪后期、21世纪，欧美除了战争，还通过金融、经济等手段转移经济危机）。很多战争都发生在欧美经济危机时期，去海外抢点殖民地，去当时落后的国家开几个商业口岸，把矛盾转移出去。等到全世界殖民地抢光了，接下来只能列强之间互相抢，所以有了英法七年战争，有了世界大战。

就这样，在这三驾马车的带动下，资本主义一点点过度到了现在的改良资本主义。

到现在，全球三大黑市交易——人口、军火、毒品，依旧是资本搭台，黑帮唱戏，为了利益践踏人类所有法律。军火和毒品好理解，人口贩卖这事大家可能不清楚，BBC搞过一个专题介绍说，人口贩卖是有完整的地下产业链和跨国财团支持的。

资本主义可以开拓贸易路线，可以提升科技水平，可以创造出史无前例的财富，但它本身是一只猛虎，吃人的那种。我们尝试了解它的时候，好的做法是知道它的全部，而不是只知道一个面，它不在乎其他，它只关心自身的增值。

二十多年前的"资本大屠杀"至今让人害怕

要说亚洲金融风暴，就得先说索罗斯。

索罗斯这人现在被吹得玄乎其玄，美国人说他就跟先知摩西似的，上帝在他耳边低语，在线指导他怎么坑人。

索罗斯是东欧犹太人，出生在匈牙利。犹太人最早来自中东沙漠，之后迁移到全世界，后来蒙古人还把一群犹太人带到了中国，现在在开封，说一口河南话。现在全世界的高成就犹太人，主要是德意志地区的犹太人，东欧犹太人普遍不行，不过索罗斯就是东欧犹太人，他这么高的成就在他们那一支里非常少见。

索罗斯小的时候正好碰上了第二次世界大战，德国攻入匈牙利的时候，他们家随之逃亡。他爹在西伯利亚苦力营里待过，应该是在那种地方获得了一种"死也要活下去"的生存意志。

父母的生活经历对索罗斯的影响肯定非常大，索罗斯在谈到他爹的时候，就很不理解地说过，现在这么有钱了，我爹依旧神神道道的，经常谈论生存问题。

索罗斯大学学的是哲学，与大部分哲学系的人胡子拉碴，头发又长又油腻，神神道道说一些不知所云的话不一样，索罗斯的哲学主要体现在他对现实世界深刻的理解和观察上。

如果大家细致地去看索罗斯的生平，就能发现他的东西正常人很难把握，因为他主要玩这么个套路：黑天鹅。

"黑天鹅"是塔勒布这几年提出来的一个概念，虽然提出来得晚，不过不代表这种事情以前不存在。

黑天鹅是什么东西呢？就是说低概率的事件。你肯定会觉得，这么简单的东西有什么好聊的？其实这种现象非常值得我们关注。举个例子，如果某一年，全世界都认为明年的石油会降价，恰好你有敏锐的眼光，认识到还有其他可能，于是你囤了大批石油，如果石油价格猛涨，你就会赚很多——当然现实中的操作要比这复杂得多。

这就叫黑天鹅玩家——经常性地从一堆低概率的事物中抓住被大家忽略了的东西，并且有"豁得出去"的决心跟心理准备，把钱都投到这上边，跟群体意识对赌，赌输的概率很大，但是赌赢了，那就赚大了。

我们经常看到一些人似乎思维方式非常独特，但是也没见到他们用这种独特的思维方式赚到钱。这种人其实就是"异见者"，经常是为了反对而反对，他自己都不太相信自己的判断，如果他们真相信，早就赚钱了。

大家回顾下索罗斯的那些投资，他跟巴菲特不一样，巴菲特看准什么东西会升值，然后持有那东西，慢慢等着升值，比较有耐心。索罗斯的操作思路是看准什么东西被错估，然后投入巨资对赌。他有钱投资主要因为他有一个基金。很多人不太明白这一点，他基金里的钱不是他自己的，是别人存到他那里的，他帮别人理财，然后收手续费。

1986年，日本和美国签订《广场协议》后，大家都觉得既然日元要升值了，日本车、彩电、洗衣机在国际上卖得就会贵了，大家不买日本的东西，就会就买美国的。所以大家都觉得对美国是利好消息，美国股市会涨。

只有索罗斯觉得哪有通过坑别人自己得好的，美国是自己有问题所以才越混越差，所以果断卖空美股。后来不知道是他预测对了，还是确实看清了，1987年美国股市暴跌，他赚了一大笔。

索罗斯很擅长通过做空来盈利——做空就是你觉得一个东西价格会跌，比如你觉得白菜价会跌，那你就借来一堆白菜按照市场价卖掉，等白菜价格跌了再买回来，还给借你白菜的人，可以吃差价。

当然了，如果你看空的白菜不但没跌，而且涨价了，你借别人的白菜到期得给人家还回去，你可能需要高价才能把白菜买回来，这样你就赔钱了。

当然了，这是传统的做空手段，现代金融业非常灵活，比如你发现隔壁老王的房子快塌了，你可以给他的房子买个保险，哪天老王房子塌了正在精神崩溃的时候，你却在边上面露喜色等着保险公司打钱。说到这里，你肯定会问，那我给老王的房子上了保险然后我给他烧掉行不行？当然不行，那可是纵火罪和故意毁坏参保物品骗取保险金，两罪并罚。

索罗斯真正凭借的是判断和冒险，做出异于常人的判断，承担正常人没法承担的风险，赚正常人不敢想象的财富。

很多事情都是事后看好像太正常不过，比如特朗普上台、英国脱欧等，但是回到事前，绝大部分人想都不敢想这些低概率事件，敢想的也不敢用真金白银投资自己的判断。索罗斯就敢，在英国脱欧的时候他也赚了一大笔，因为他预料到英国可能会脱欧成功，脱欧成功后英镑贬值黄金升值。

索罗斯更厉害的操作是在1992年做空英镑，他当时觉得英镑汇率被高估了，就开始做空英镑。操作的手法不复杂，从英国的银行和其他金融机构借英镑，然后把英镑卖掉，换成德国马克，这个过程中需要支付一定的利息。于是他一直借，一直卖。大家要有个觉悟，这种操作跟菜市场大规模抛售白菜一样，卖多买少，白菜当然就跌。英镑也一样，也在跌，等跌到一定程度，他再买回来，还给借方，赚差价。

这里就有个问题，那得多大规模的英镑卖出才会让英镑暴跌呢？非常非常大，索罗斯的基金据说借到了70亿英镑然后在市场上抛售，而且他不是一个人在战斗。

这个过程中，索罗斯不仅对赌英镑会跌，而且还对赌华尔街的基金经理们的投资心理，叫"there is blood in the water, let's kill someone"，翻译过来就叫"水里有血腥味，打猎的时候到了"。我们都知道鲨鱼对血腥味极其敏感，水里有了血腥味，就会招来一堆鲨鱼，这句话说的就是这事。

索罗斯刚开始操作的时候，大家看不清形势，其他基金经理都在边上围观，等索罗斯真动摇了英镑汇率后，一群华尔街基金经理一起来追杀英镑，追涨杀跌嘛。史无前例借来的英镑被抛售，英格兰银行吞下了30亿英镑，再也吞不动了，市场上有大量卖家，没有买家，眼瞅英镑一跌再跌，价格就跟白菜价似的一泻千里。然后索罗斯把贬值后的英镑买回来还回去，落袋走人。此后他又用这个套路狠宰了墨西哥比索，完事之后又对自己的祖国匈牙利砍了几刀，然后盯上了东南亚。

20世纪八九十年代的东南亚幸福得不得了，因为大家似乎找到了"发展之路"——学习亚洲四小龙。亚洲国家人口多，人力资源便宜，又可以随便污染，搞点代工赚点钱，欧美不屑于赚的那点钱亚洲穷国赚起来虎虎生威。所以继"亚洲四小龙"之后，亚洲又崛起了"四小虎"：泰国、菲律宾、马来西亚、印度尼西亚。这些国家承接了欧美和日本都不大愿意搞的纺织、皮包加工、普通机械零件加工等，尽管盈利微薄，但是对于亚洲这些落后的国家来说，由于人力和土地等成本低，投资回报率依旧很高，西方投资人也就愿意来亚洲投资。

四小龙加上四小虎，合起来就是亚洲奇迹，奇迹让大家振奋，准备大干一场。

这时候大量的西方游资涌入亚洲，在亚洲搞投资拿项目，热火朝天。

日本这种跟欧美已经混了一百多年的国家很了解西方的套路，知道西方国家的热钱涌入一个国家不是要给你们老百姓修路搭桥的，也不是为了让第三世界人民可持续发展的，人家追求的是快速盈利，什么赚钱玩什么。所以日本很早就限制了外资在日本的投资范围，设置了准入门槛，很多领域根本不让外资投资，让外资在日本只能搞生产，不能随便折腾别的，限制外资赚快钱。后来韩国对这个也非常有心得。

当时欧美银行对日本、韩国的政府非常反感，说日本、韩国政府对国外银行非常不配合。更讽刺的是，后来发现欧美银行热情夸奖的那些国家无一例外被西方狙击了，如阿根廷、墨西哥等。

东南亚这些国家以前也不懂这些西方资本家的套路，而且被自由派经济学家给洗脑了，20世纪90年代苏联已经崩溃了——一群经济学家聚在华盛顿，形成了一个叫"华盛顿共识"的观点。这个观点大家很熟悉，核心就是我国经济学家最喜欢说的"少管制，多自由"。这一套在当时大家是深信不疑的，甚至苏联都搞上自由化了，东南亚国家自然非常冲动，感觉找到了发展的秘密。

但是一个国家一旦门户大开，就得做好强盗会上门的心理准备。绝大部分自由派的人都是假设没有强盗，事实上文明社会不但有强盗，强盗还懂哲学，而且文质彬彬穿着礼服拿着刀叉吃人。

早在索罗斯去东南亚折腾之前，已经有大量的游资进入泰国——比如你是个炒家，你拿了100万美元，去换成泰铢，假如换成了1000万铢，然后买了块地，上边盖楼、盖房，炒高后卖给当地老百姓，赚了1000万铢，这样就成了2000万铢，然后去泰国银行换成200万美元跑路了。泰国白白流失了100万美元外汇，老百姓辛辛苦苦生产袜子赚的钱就这样被打劫走了。或者有很多游资干脆根本不盖房，直接买一块商业地产，炒高后卖掉，然后套现走人。这种操作一开始确实非常红火，因为国际游资都跑去亚洲不设防的国家去炒资产了，而且一支游资刚走，另一支又来了，给人的感觉就像是外资没走似的。

这些国家刚开始还没遇到什么大的问题，东南亚股市和房地产都再创新高，东南亚的人们当然高兴。国际上对东南亚几个国家大加表扬，东南亚国家也信心高涨。东南亚偶尔有人能看清，觉得这么干不可持续，是在找死，但是立刻被同僚骂个狗血淋头。

到了1997年，亚洲的经济泡沫已经非常非常大了，祸不单行的是亚洲的实体经济也出了问题。亚洲国家普遍内需不足，全部依赖出口，但是在1995年左右，出口也开始疲软，整体形式已经非常危险了。这时候索罗斯上场了。

《纽约时报》有过一篇专门写索罗斯的文章，那篇文章分析了索罗斯的投资理念和投资哲学后，总结出以下几点：

1. 索罗斯作为资本主义大鳄，恰恰是因为他意识到了放任资本主义本身的系统缺陷，并且能用这种缺陷赚钱。

2. 资本主义有啥缺陷呢？就是大家每隔几年会突然追捧某个东西，然后一起发疯，大叫"××永远涨"，然后不断加价，直到最后系统会崩溃。

3. 既然大部分人会犯傻，如果你不犯傻，能识别出这种"群体性傻子"，你就可以赚钱！

这也就是索罗斯经常说的"反身理论"。说白了，就是寻找黑天鹅。

在1997年，东南亚经济蓬勃发展的时候，索罗斯认识到系统孕育了大量风险，"水里有血腥味"。

索罗斯的思路非常简单，就是我们上文说的那个操作：借一个国家的货币，然后去外汇市场上抛掉，换黄金。大家把货币理解成白菜就可以了，货币本身也是一种商品。

为了防止贬值，泰国政府会动用外汇来接盘，直到外汇不够了。找不到买家，白菜卖不出去，白菜就会贬值，然后索罗斯再把一部分黄金换成贬值后的白菜还回去，差价就是索罗斯的利润。

泰国一开始还想通过"对方抛多少，我们接多少"这个想法来操盘稳定汇率，但很快就发现对面排山倒海一样对泰国倾泻泰铢，泰国外汇很快撑不住了。你没有外汇了，人家继续抛泰铢，肯定接不住了，只能赶紧宣布放弃固定汇率，然后泰铢就跟白菜似的贬值了60%。这些差价就是索罗斯们的盈利。

说到这里，肯定有明眼的人看出来了，如果索罗斯们借不到那么多泰铢，是不是就没事了？

是的，这也是这些年人们反思东南亚金融危机的一个点，只要设置防火墙，炒家们没法随意借到那么多钱，就能遏制洪水泛滥。

但是泰国当时没有任何防火墙，任由国际炒家大屠杀，泰国几十年的积累化为灰烬，老百姓夜以继日的辛苦劳动成果全部成了国际炒家口袋里的猎物。泰国金融体系的剧烈震荡，很快波及实体经济，比如一些以美元结算的企业，本来收支正常，现在货币贬值，美元债务涨了一倍还多，直接倒闭了。

金融炒家向来都是跟秃鹰一样的生物，闻到血腥味就会一起跑过来，等到索罗斯让泰国掉了第一滴血之后，全世界开始联想：既然泰国这么虚，那其他国家呢？进一步大家开始怀疑之前所说的"亚洲奇迹"是不是只是一个"故事"，一种群体想象，或者干脆就是幻觉。

这种世界末日来临似的幻灭感到处扩散，欧美大面积将自己的投资从亚洲撤出来，股市、汇市、楼市纷纷大跌。随后一个接一个的国家沦陷，马来西亚、印尼等东南亚市场都遭到狙击，尤其印尼的货币贬值了80%，那种感觉就像是今天拿着7000块还能买个苹果手机，明天贬值后就只能买一个MP3了。韩国也受到了重创，从那以后，三星的股份就被外国人拿走一半以上，这个状态一直持续到现在。

东南亚金融危机给了我们什么启示呢？

首先，金融系统得设置防火墙。任何国家的金融系统不能假设市场上全是好人。金融市场上有猎杀型的鲨鱼，有食腐型的乌鸦，随时可能攻击你的弱点，把你吃得连块骨头也不剩。当然了，我们不能仅仅批判鲨鱼、乌鸦道德败坏，我们应该强调"自我负责"。如果你被鲨鱼袭击了，最应该思考的事是你为什么让自己处于那个位置，以及怎样才能避免这类问题。

其次，说一个投资理念——以前看过一个知名投机者的传记。这本书的核心理念前言里就写了：钱有往少数人那里集中的特点。这主要是两个原因造成的，一方面是少数人确实能干，另一方面是信息不对称，有人会利用大多数人的预期来制造黑天鹅，然后收割韭菜（指散户）。他说这叫"巨额利益驱使，有人去工作"，你只要站在趋势的一边就可以了，不需要关注别人怎么工作。大概就是这么个思路，所以他每次有什么想法，总是记在纸上，然后探索这个想法的反面是不是也成立，去寻找别的可能，因为你的第一反应也是别人的第一反应，这个观念就叫"被收割观念"。他的胜率不太高，但每次都是用小额投入去换巨额回报。

最后，国家和个人一样，想赚快钱，往往很容易被快钱收割。

贷款给低收入人群买房，竟然引发了全球性大危机

很多人应该都面签过房贷吧？如果没经历过，将来也会经历，这才是每个人的成年礼。我经常说，房贷有利于身心健康，可以治疗中二病①和"精神病"，一旦背上房贷，整个人就变得务实而且克制，少了很多自视清高和年少轻狂。从背上房贷那一天起，就是个务实的成年人了。一般中介公司会事先通知你，让你准备好在职证明、银行流水、房产合同等材料，找个阳光明媚的上午或者下午，去一个酒店或者大厦，在一个角落里有个穿着考究精致的银行工作人员接待你，审核材料，问几个问题，让你

---

① "中二病"指的是青春期少年特有的自以为是的思想、行动和价值观。随着这个词在网络上的广泛运用，"中二病"主要指那些自我意识过盛、狂妄，又觉得不被理解、自觉不幸的人，尤其是那些"成形的价值观与尚未脱离的幼稚想法互相混杂"的成年人。

填一张申请表，然后把收集好的材料塞包里，告诉你回家等消息吧。再过几天，给你打电话说房贷下来了或者被拒了，如果已经批了，会让你去签房贷合同。

为什么我们讲美国次贷危机，却先在这里说中国的房贷申请呢？

这个审核贷款人还款能力的过程，就是风险过滤的过程。一般来说，银行会务必确保你的收入是房贷的两倍，而且有足够的首付。毕竟能攒下那么多钱的人，肯定比一毛钱积蓄都没的人可靠一些。首付和审核还款能力，就是银行的防火墙。这基本是六百年银行史中的铁律，只贷款给能还钱的人，不然贷款还不上，就需要银行一起承担风险。这一点在全世界是通用的，事实上，从现代银行业务开展以来，这种先审核资质再放款的原则在过去几百年中一直都是主流。

一、疯狂的资本推高房价

回到十几年前，美国金融机构的人想赚钱想疯了，竟然贷款给没有还款能力的人，终于引发了金融危机的灾难性后果。这又是怎么回事呢？事情的起因跟一种金融创新有关，比较有代表性的是一个叫新世纪金融公司的放贷公司。这个公司跟华尔街合作，搞出来一系列金融创新，最后把全世界一起拉下了水。

以往大家申请贷款，也是按照我上面说的那个流程来，你申请贷款，银行审核，确认你能不能还得上，再决定要不要贷款给你。

但是成立于1995年的新世纪金融公司不是这样的，这个公司疯狂到只需12秒就能确认是否贷款给你。12秒能干什么呢？这么快的时间给答复，只有一个可能，就是根本没审核直接放款了。这里有个问题，新世纪金融公司为什么这么急着给大家放贷？这跟美国当时的大环境有关，美国人当时很多有钱人需要让自己的财富跑赢通货膨胀，所以天天琢磨怎么玩投资，像新世纪金融公司这类公司的业务就是吸收那些有钱人的投资，将来给人家高回报。而金融机构的盈利手段就是收手续费，所以着急贷款出去好收手续费。但是放贷这事看着容易，做起来难，并不是想贷就能贷出去的，尤其新世纪金融公司这种做放贷的公司，更不好做，因为美国当时条件好的人就那么多，该买的已经买了，剩下的不多了，可不得抓紧收客户？至于风险问题，他们也想过了，这个后面来讲。而且到后来，为了追求效率和利润，这个新世纪金融公司甚至把业务全部外包给各种中介，公司连办公大楼都省了，中介人员只拿提成，不领工资。这下好了，更没人关心买房的是什么样的人了，因为中介们把房子卖出去拿了中介费就完事了，接下来洪水滔天也跟他们没任何关系。

中介人员发现，不管贷款申请表上写什么，只要交到总部，都能拿到贷款，甚至在"工作单位"那一栏里什么都没填，也没事。中介们奔走相告，好日子来了，能买房子的人都买了，他们就开始向没有固定工作的各行各业的人推销房子，比如墨西哥来的新移民等。这伙人的贷款，就叫次级抵押贷款。这里有个问题，这些低收入家庭哪来的勇气去贷房贷？那么自信能还得上？——也不是，美国当时可以先还利息，问题是美国那些年利息非常低，每年还不了多少钱，所以大家觉得问题不大。那将来呢？将来利息上涨了怎么办？美国人也不担心，觉得反正日子会越来越好，将来一切会好起来。再说了，房价一直在上涨，如果还不起了，卖掉就可以了，还可以赚个差价。问题是放贷的金融公司也这么想，将来贷款买房的人还不起钱，就把房子收回来卖掉，反正房价涨了，卖了还能赚。既然大家都希望有套房子，又不担心放贷的事，房地产公司把美国最常用的那个俚语"Home，sweet home"和"美国梦"联系在一起，疯狂地给大家置业。贷款条件一降再降，所以买房的人越来越多，整个国家一片欢乐祥和，新世纪金融公司甚至受到了政府的表扬。

大家都买房子，房价当然会上涨。看着房价一天天上涨，再淡定的人也坐不住了，觉得正在错过机会，能出手就出手，房价进一步被推高，更多的人开始关注房子，这个循环就这样涌动了起来。在这个过程中，新世纪金融公司和中介人员赚了手续费，新世纪金融公司的股票接二连三再创新高。穷人们拿到了房，房地产商卖了房，似乎所有人都赚了。但世界上哪有这么好的买卖？我看有的学者说是平权运动导致了向穷人放贷，这就太不了解资本家了，真把资本家当慈善家啊？资本家的每个行为都是精心算计过的，有时候会算错，但绝对不会大规模做慈善。

二、越来越大的资产泡沫

人们难免有个疑问，以新世纪金融公司为代表的这堆公司哪来的这么多钱到处放贷？

直接点回答就是：他们没有那么多钱，他们是金融公司，不是银行，不能吸收储蓄，但是他们可以搞金融衍生品。咱们假设新世纪金融公司贷款给了张三、李四等几个低收入士，这几个人签了房贷合同，欢天喜地住进自己的房子里了，承诺每月会还月供。新世纪金融公司相当于给他们买了房，自己手里有个房贷合同。这个房贷合同握在自己手里也干不了别的，是不是可以想想办法做点什么？这个时候，史上最有想象力的一个金融创新出现了：为什么不把这些房贷合同卖掉换钱回来继续放房贷？这个创意远远超越那个把埃菲尔铁塔卖掉的人，也超过了把火星土地卖给有钱人的人，因为这个想法里有个关键点，就是滚动——只要把贷款合同包装下卖出去，就又有新钱了，新钱又可以放贷，可以继续卖贷款合同。

新世纪金融公司想卖这些房贷合同，会有人买吗？大家又不傻，凭什么买，除非你支付很高的利息。就这样，房贷合同被打包起来，做成一个债券，有点像我们在一些理财App里看到的那些高风险、高收益率的理财产品，承诺一个很高的回报率，然后到资本市场上去卖，理财产品的收益由房奴们的月供来支付。比如你花一万块买一份，承诺年利率6%，你的闲钱有地方赚钱，金融公司可以继续放贷。当然了，具体怎么定价非常复杂，华尔街摸索了很多年，才由一个数学家搞定了定价规则，而且华尔街还搞起了电视营销。看过20世纪90年代电视营销节目的，难免有这种感受：再差的东西，也要分成普通款、尊贵款、至尊款，然后看着那些差东西里的至尊款也就不那么差了，这种心理真是奇怪。华尔街给这些垃圾债也分了三级，最高的评级AAA，最差的BBB，大家一般争相购买AAA。那BBB卖不出去怎么办？再分一次级！又分了三级，这样可以一直分下去，一直在卖AAA。不仅如此，他们通常还会附上一句广告词："谁会不还房贷？"读这句话的时候一定要用那种不可理喻的语气来读，类似于"谁会去喝洗发水"。既然大家都会还房贷，房贷搞出来的理财产品可不就非常保险吗？

评级机构无耻地给这类债券很高的评级，让大家误以为以买P2P的收益率，买了美国国债一样的理财产品，既保险又收益高。于是银行、资产管理公司、对冲基金、保险公司、养老金机构竞相购买这种理财产品。这些机构买理财的钱，又进一步贷给更多的低收入人士。如果这些理财产品只卖给美国人，影响也不会那么大——这些理财产品还卖给了德国人、英国人，甚至卖给了只有30多万人口的冰岛——冰岛突然间很冲动，也从市场上贷了高利贷买美国发行的次级债券，等那些垃圾债后来变得一文不值时，冰岛顺理成章地也跟着破产了。各种销售的组合拳下来，这类次级债搞出来的证券在资本市场上遭到疯抢。到这里，新世纪金融公司的另一个问题也已经解决了，不再担心风险的事，因为风险已经转嫁给了买理财产品的那伙人。但是同时出来一个新问题，债券卖得太好，不够卖，怎么办？——金融机构加快放贷啊！这也就催生了金融机构进一步降低门槛，向各式各样的人放贷买房，并且首付一降再降，最后甚至降成了零，把更多的人转变成贷款买房的客户。结果更多本来买不起房的人有房了，更多的房产公司卖房了，更多的贷款公司先放房贷，再卖房贷包装成的债券，更多的有钱人买理财产品赚到了钱，大家都幸福得不得了。

三、资产泡沫的破灭

不过，这种集体的狂欢背后，潜伏着巨大的风险，并且一点一点在积累，等着时机爆发。

到了2005年，美国房价达到了二十七年来的最高峰，次级抵押贷款规模也达到了空前规模，接近1.1万亿美元，也就是金融机构贷给还贷能力堪忧的人1.1万亿美元的房贷，占整个房贷市场的14.1%。

新世纪金融公司在那几年狂飙猛进的过程中，自己也受益匪浅，股票从9.67美元一直涨到2006年年初的66.95美元，涨幅高达592%。投资人都赚了大钱。当然了，并不是所有人都糊涂，当时也有分析师认为，这些金融公司太过激进，可能孕育了巨大风险。还有巴菲特，他警告说这些理财产品是"大规模杀伤性武器"。不过很多美国分析师认为没必要庸人自扰，巴菲特属于老派投资者，赚不到次贷的钱变成了"柠檬精^①"，而且认为他只了解自己熟悉的东西，拒绝接受新事物。

这种欢乐的游戏一直玩到2006年下半年，终于出事了，因为美联储加息了。加息后房贷暴涨，很多穷人一下子就还不上房贷了。还不上怎么办？还能怎么办，直接断供呗。金融公司没收了这些人的房产，拿到市场上去拍卖，这一下子把事给搞坏了。了解经济学的都知道供求平衡，如果市场上突然出现大量的抛售，必然会把房价给打下来。果然，房价开始下跌。这下影响范围就扩大了，房价下跌后，很多人惊讶地发现，自己的房子还没贷款值钱，比如我贷了100万元买了一套房，现在房价只值80万元了，于是我也把房子给放弃了，然后金融机构手里的房子更多了。继续卖，房价继续跌，以加速度下跌。房价暴跌和大面积违约，开始让那些由按揭贷款包装成的理财产品一文不值。麻烦的是很多公司借高利贷买了一堆这种玩意儿，这下问题就大了。所以借钱（在华尔街叫融资）买了大量这种垃圾债券的雷曼兄弟银行首先爆掉了。

买这种债券的不止雷曼，很多金融机构都买了，这些金融机构都在倒闭的边缘，比如贝尔斯登公司也要破产，美国"两房"

---

① 柠檬精是一个网络流行词，柠檬精的字面意思是"柠檬成精"。柠檬味酸，与嫉妒他人时"心中酸溜溜"的感觉相合。意思是指嫉妒别人的人。

（房利美和房地美）也崩溃了。

到此为止，危机就这样爆发了，数万亿美元的债券变得一文不值，那些借了高利贷买债券的公司全被拖下水。不仅如此，保险公司也要破产了——当时大家买了次级债后觉得不安全，就给这些债券都上了保险，比如我的债券如果贬值了，保险公司就得给我补上。在贬值之前，我每年交保护费。保险公司之前每年收保费开心得不得了，真等到大家都来要钱了，保险公司傻眼了，它哪能支撑得住那么大规模的各类金融衍生品啊，保险公司哭着也要破产。后来的事大家也都知道，美国赶紧降息，并且释放了天量的美元，先借给华尔街的银行，让他们把窟窿堵上，先别破产了，然后通过降息刺激经济，又引出一堆问题。

四、美国房价暴跌的必然性

我国如果发生房价跌价，那也不会是美式暴跌，这是因为：

首先，我国买房的首付非常高，并且贷款审核非常严格，发生大面积违约的概率还是很低的。

其次，美国如果单纯大面积违约也没事，问题在于大量的垃圾债券渗透到了整个经济系统里，所有的银行都花了无数的钱买了天量债券，而且这些钱还都是借的。在这个基础上又有无数的金融衍生品，这些金融衍生品复杂到连知名天才伯南克都承认自己不太明白这些是什么玩意儿。这些东西拖垮了整个金融系统。我国的住房按揭证券化规模很小，而且没有复杂的金融衍生品，在银行仓库里放着，缺点是没法拿去赚钱，好处是出不了什么问题。

美国空头们有做空债券的动机——美国做空的也不是房地产，空头们做空的是我们上文说的那些债券——你给那些债券上个保险，等房地产崩了，那些债券变成废纸，保险公司会赔给你钱，就像你给自己的房子上了个保险，房子塌了就能拿保险金。一般来说，正常保险只能给自己的东西上保险。你跑去保险公司说是要给隔壁老王家的房子上个保险，因为你实在是太爱老王的房子，要给老王的房子上安全保险，正常情况下保险公司会把你赶出来。但是华尔街不一样，华尔街的人都是一帮脑子很活的人，他们去看了下老王的房子，觉得房子很结实，你这是在送钱，不赚白不赚，于是就给你做了一个"专用保险"。这又是一个金融创新，如果老王房子没塌你每年得交保金，如果塌了会赔你钱。做空的人就是买了大量这种次级债的保险在家放着，等着房价暴跌，房价暴跌后债券也会暴跌，那时他们就会赚翻了。

整体而言，金融是好东西。但是金融同时又有黑暗的一面，如果放任自流，系统里每个人都监守自盗，那种感觉就好像如果没人监管，商家用烂苹果给大家做果汁一样，普通人怎么知道里边是什么？

上次美国的次贷危机也一样，金融系统里的人为了自己的利益各种使坏，而监管部门什么也没做，坐看他们把风险变成灾难。

为什么不能不还钱

　　我当年懵懂无知的时候，曾经看过一个故事并且深以为然：说巴菲特可以让一个穷小伙当上美国央行副行长，并且娶到比尔·盖茨的女儿。怎么操作呢？他先去找比尔·盖茨，说这个小伙是央行副行长，你把女儿嫁给他吧。比尔·盖茨一想这小伙牛啊，赶紧把女儿嫁给他了。然后巴菲特跑去克林顿那里，说这小伙是比尔·盖茨的女婿，你给安排个工作？克林顿一看觉得这小伙牛啊——娶到了比尔·盖茨的闺女，就让他当了央行副行长。

　　这个故事我一度深信不疑，不过后来发现，这个小故事简直是"耗子虽小，恶心玩意儿俱全"。比如故事的作者认为比尔·盖茨可以把女儿像股票一样卖掉，再如他觉得克林顿可以随便任命央行副行长，事实上美国都没央行这个玩意儿。更离谱的是，作者跟个小学生似的，完全没理解巴菲特为什么能这么做，如果他理解了，他就会知道巴菲特宁愿活吃一只耗子都不会这么做。

巴菲特确实有恐怖的影响力，2008年的时候，百年雷曼兄弟快要破产了，当时雷曼的大佬们去问财长怎么办。财长给他们出主意，说去找巴菲特，只要巴菲特愿意接盘，你们应该可以活下去。后来没谈成，巴菲特要的钱太多，雷曼不同意，然后雷曼关门大吉。

但是很多人一直没太明白巴菲特这种恐怖的影响力到底是哪来的，是坑蒙拐骗来的吗？

当然不是了，是因为巴菲特在过去半个多世纪里的无数次交易和判断中形成了让所有人信服的影响力。他从来不滥用这种影响力，所以这种影响力就跟被拦起来的大坝一样，稍微放出点水来就可以发电。

这也是大家本能觉得比尔·盖茨会相信他的鬼话，因为比尔·盖茨相信他不说鬼话。所以在真实的世界中，巴菲特不会随便滥用自己的信用，因为信用就是他的血液，搞这种烂事就是在卖血。

欧洲近代产生了信用制度，可以让国家借钱去打仗或者搞建设，负债经营才是东方和西方重大的差异，也让西方在近代进入了快车道。正是因为有了信用，欧洲那些大国可以动员起来自己国力本身的数倍额外资金去打仗、去搞建设。

信用这玩意儿看不到摸不着，却有翻天覆地的威力。小到一个人可以通过信用借到钱，然后用借到的钱去搞个小店，然后慢慢地走上经营之路；大到可以像普鲁士那样，向犹太财团借钱，用借来的钱打三场战争然后建国。一点不夸张地说，德国就是"借钱立国"的。

当初美国建国，要跟英国开战，但是美国大陆会议没钱怎么办？向老百姓借钱呗，所以发了一堆公债，向老百姓筹集资金。后来独立战争是打赢了，但是没钱，还不上当初的公债，天天有人催债，那个倒霉的邦联国会（当时还没有联邦政府）到处溜达，躲着催债人。

后来召开制宪会议，讨论接下来该怎么办。美国第一任财政部部长汉密尔顿说，钱是一定要还的，现在还不上，可以慢慢还，但是只要一直还，大家看到了诚意，信用就会上升，有了信用就可以借更多的钱。

当时美国老百姓本来觉得这些债券已经成了卫生纸，这辈子都不会兑付，都以废纸的价格卖给了几个大资本家。这几个资本家的代言人参加了美国立宪会议，所以他们非常喜欢汉密尔顿的说法，顺利通过了。联邦政府成立后，也就有了财政部，财政部的金库里放着一堆欠条。

汉密尔顿一方面道出了信用的实质，另一方面让一部分人一建国就成了超级富豪，这些人的财富一直延续到现在，有着巨大的影响力，所以汉密尔顿的头像后来印在了10美元上面。

汉密尔顿说的这件事，也就说清楚了信用的深层次含义：欠钱不要紧，一定要还，每次都还钱，信用就会变好；信用好了就可以借到更多的钱，有了更多的钱，小到可以在村里开个小店；大到可以开辟一条商路，组建一个公司，打一场立国之战。

哥伦布发现了新大陆，随后大量的银行家资助冒险家去探险，信贷资助新发现，新发现带来殖民地，殖民地带来利润，利润建立起信任，信任转化为更多的信贷。由此可以说，资本主义的核心就是信贷，信贷的核心就是信用。

这里就有个问题，借钱不还怎么办？如果大家都这么搞，信用体制怎么运转呢？

其实回答了这些问题，也就找到了信用问题的本源。只有解决了借钱不还的问题，信用才会爆发出可怕的战斗力。

我们从小到大来讲。比如你欠了信用卡超过三个月，就会产生逾期，这种情况下，就有了信用污点，银行可能会降低你的评级，减少你的可贷款数目，或者干脆不贷款给你。

如果你一直不还，限制你五年再说，如果你五年都不还钱，人家可能会对你执行一些可怕的事，比如不让你坐火车，情节严重的，把你的身份证在广场上滚动播放。不过话又说回来，这些操作还算讲究的，毕竟公共企业讲究法律和法规。接下来说的就不那么讲究法律和法规了。

大家都听说过那种不太正规的贷款公司承诺高利率吸储，然后像高利贷一样把款贷出去，没什么钱又羡慕高消费的年轻人可能就中了圈套去贷款消费，然后就被坑了。

如果你还不上这种贷款公司的钱，一般贷款公司不外乎给你周围的人打电话，把你搞臭，或者把你的照片上传到网上。

如果贷款公司倒闭，或者确认债务收不回来，干脆会把你的债务打包后打折卖给别人，由别人向你收款。如果你欠了某公司100块钱，人家把你这100块钱的欠条10块钱卖给别人，过一段时间就有更"专业"的人上门来讨债，怎么个"专业"法，大家想想吧。

所以，不要借不正规的公司的贷款，更不要为了虚荣心而消费。

说完民间的，咱们再说国际上的。因为国际上的套路也差不多，或者可以说是民间玩法的延伸，不过玩法更加高级一些，数目更大更吓人一些。

人类历史上迄今为止赖账最多的，应该就是西班牙老帝国——西班牙在美洲发现新大陆，随后在那里挖金子，倒卖烟草，跟个暴发户似的到处折腾，把周围的国家打了个遍，同时为了支持战争和高消费，到处借钱。

当时借得最多的是德意志地区和荷兰银行家的钱，借钱打仗，如果打赢了可以用战利品还钱。但是西班牙打仗进展得非常不顺利，几乎没有一场战争达成了目的，很快西班牙财政连利息都还不上了，怎么办？

西班牙国王的策略是把债主抓起来，不但抓起来，还要向银行家族勒索赎金。银行家不是国家，没有军队，只好任由他摆布，交了赎金走人，跑到西班牙征服不下来的国家，一直躲在那里放贷支持西班牙的对手。

西班牙打仗费钱，还抓债主，自然没人愿意贷款给它，只好开出了天价的利息，利息高达30%以上，这么高的利息自然会有人冒险一试。高利贷会导致进一步还不上利息，这下债主也抓不到了，只好违约，违约之后下次想借钱就更难了，慢慢地就彻底衰落了。

西班牙是大国，一般人惹不起。但是对于小国，就方便多了。

比如希腊，希腊早期是被奥斯曼帝国占着的，1821年希腊说要独立。独立不得打仗吗？打仗就要花钱，于是向英、法、俄借钱。

后来希腊终于通过惨烈的战争独立了，独立之后背负着沉重的外债，实在是还不上。英国根本不管，军舰开过去，封锁港口，禁运大米，直到把希腊逼到经济崩溃，国内天天饿死人。甚至有段时间希腊和英国一起对土耳其作战，港口依旧被英国海军封锁着，亲兄弟明算账，一码归一码。直到半个多世纪后，希腊从土耳其抢了不少东西，才把几个债主的钱还上，英国也才原谅了它。

英国外交大臣当时就在公开场合说，我们不是针对希腊，而是要让全世界其他债务国看看不还钱的下场。

比较近的是阿根廷，历史上阿根廷已有八次违约——从1982年到2014年，竟然发生了四次债务违约，也就是宣布欠的钱不还了。

但是一个国家敢不还钱，就得被制裁。从1982年开始，国际社会纷纷开始对阿根廷进行制裁，造成阿根廷在国际上的融资成本巨高无比，融资成本是其他国家的十倍，国内信用评级一年比一年低。

现代国家跟以前不一样，以前英国还得出动军舰去封锁港口，现在好了，调低信用等级，让阿根廷货币贬值就行了。让阿根廷在国际上什么都买不到，而阿根廷又是一个高度依赖国际贸易的国家——汽车要从美国买，现在货币贬值了，以前20万比索的汽车现在50万比索才能买到，以前10比索的油现在30比索才能买到。你敢印货币我就让它加速度贬值。

原材料和生产资料价格剧烈上涨，导致国内生产和运输的东西水涨船高，贵得很——那些年阿根廷每年通货膨胀高达200%，老百姓苦不堪言。更加让阿根廷难堪的是，在2012年，阿根廷的一艘军舰竟然被债主给扣下了，支付了巨款后才拖了回去。

国际上欠钱说了很多了，那国内欠钱怎么办？也就是政府欠老百姓的钱如果不还了怎么办？

国内融资这种模式出现得非常早，最早是英国人开始搞的，成立了英格兰银行吸储，然后借给政府去打仗。英国政府也牛气，几百年里国债一次违约都没有发生过。这样长期不违约有个效果，英国国债的利息非常低，风险低利息才低，有点像现在的美国国债，多说一句，美国国债大部分持有人也是美国的老百姓。

这样英国人就有了一个优势，打仗什么的不得花钱吗？其他国家，比如法国，融资成本比英国高好几倍，假如借一个亿，英国可能支付200万利息就可以了，也就是2%，历史上从来没有违约过，这次大家也相信它不会违约，所以公债基本一发售就被抢光了。

法国不一样，经常违约——法国国王是刁国王——国王宁愿上断头台也不还钱，所以法国得支付6%以上的利息才能借到钱，借一个亿，得支付600万利息。

这也是英国在历次战争中总能击败法国的一个原因，融资成本低嘛。后来法国有一次憋足劲，借了大量的钱给美国人，支持美国反对英国，美国终于独立成功了，让英国人吃了鳖。法国国王还不上债主的钱，国王和王后一起被推上了断头台，跟他们一起上了断头台的，还有几十万法国贵族，也就是法国大革命。

说了这么多，大家也就慢慢体会到了，信用一旦坏了，很难恢复，因为今后的融资成本会暴涨，干什么事都憋屈。尤其是在现代社会，相互依赖性高，有的是办法处罚你。以前都是各干各的，不打交道也没事，现在不行了，现在很多事情需要协作。

人也一样，很多村子全村一起借高利贷，因为他们可以基本不依赖外界，你搞征信或者上黑名单根本没影响。但是这些人离开村子立刻就能感觉到麻烦，甚至牵连别人。

总体来说，做一个有信用的人有个好处是你可以聚集起来超过你自身好多倍的资源，而且这种能力是可以滚动增强的，越来越猛。但是如果你一旦走上了下坡路，信用会越来越烂，直到永世不得翻身。

基金会到底是个啥东西

我看到很多人经常转发一些文章到朋友圈，才发现大家对慈善、基金会等东西有很多的误解。要是在美国的话，人们听说某个富翁把钱都捐给基金会了，他们的第一反应是没反应，到底是捐了还是财产转移了得等等看。其实这些东西从来也不是什么秘密，而是一些明摆着的东西，只是我们大部分人并不了解。

当然了，首先不得不承认，非政府的基金会在20世纪的社会进步方面起到了重大作用，比如在动物保护、妇女权益方面。但是大部分组织或者机构跟菜刀一样，是中立的，而且菜刀本身不在乎自己要砍什么，关键在于握着它的人。正邪是一个硬币的两个面，我们今天重点说下大家平时不了解的那面。

基金会起源于奥斯曼人。当时奥斯曼有个习惯，骑士们都是国王的奴隶，骑士们可以把官做得很大，甚至做到帝国宰相，但是将来死后财产要充公。这很坑人，但是有个补救的办法，就是死前搞个独立机构，把钱放进去，让儿子打理，声明要修桥补路什么的。就这样，富翁的钱捐出来了，虽然不归儿子，但是归儿子打理，儿子可以给自己发工资。

这个方案很快就被西方人学去了，主要是美国，美国倒是没有死后充公的习惯，但是遗产税高得离谱，有时候接近一半资产都得当税给纳掉。所以西方富人很快就发现可以把资产放到一个基金会里，说是要去做慈善，这就叫"以捐代税"，然后富人死前委托专人打理。这个钱已经不属于富人家了，但是他们家一直管着，当然了也可以委托别人管着，虽然不是他们家的，但是归他们家控制。

在"私有财产神圣不可侵犯"这一法律前提下，很快进化出一堆玩法来，比如这个基金会可以给富人家的后代发工资，也就是他儿子可以从这个基金会里领生活费。孙子也可以领，而且还可以做复杂的操作，比如从一开始就定好规则，让优秀的娃多拿钱，不让纨绔子弟碰这些钱，或者单纯养着纨绔子弟，饿不死就行。反正不搞平均主义，在家族内部搞优胜劣汰，有效防止富不过三代。后代赚了钱，也可以添加到基金会里，这样可以确保基金不会日渐枯竭。

基金会也可以拿钱去投资，赚了的钱继续补充进基金会，如果基金足够大，可以投资一些相对稳赚的东西，比如保险、地产、古董之类的投资组合，甚至可以拿出少量的资金投资高风险的业务。事实上给后人的零花钱，往往是投资收益，不用碰本金。

基金会是独立于家族之外的，如果家族后人发生大额亏损，那破产清算的也是家族本身，不会把基金会一起给爆破了，相当于用法律筑起了一道防火墙。

所有的基金会都是以慈善的名义，还可以吸收社会捐款。这些捐款用处比较复杂，可以直接捐给受灾地区，或者从事研发，解决特定的难题。但同时由于缺乏监管，经常爆出来大量的基金会丑闻。

此外，各种基金会一直都是"合法"腐败的温床，怎么理解这个事呢？比如某国大选期间某基金会的吞吐量惊人，但只有2%用于"慈善"，其余为行政开销。这是什么意思呢？就是说，要给谁钱，不能直接送张支票过去，那既不方便，而且也是违法的。但可以聘请他做基金会顾问，给他发巨额工资，这就叫"合法"腐败，这些开支都计入基金会开支。而且还可以接受大量的"捐赠"，从当初披露的情况来看，也是贿赂的一部分。

部分基金会影响极其巨大，超越经济体，比如某基金会普遍信奉的是"进化论"，认为把钱给穷人分了并没有用，而是投资给人类里的精英，希望他们能给人类找到出路。

这些基金会不会自己跑出来上蹿下跳，他们一般先搞个智库，然后往智库里"充值"，通过智库来影响别国政策。这些基金会经常在很多国家内推销他们的"思想"。

最近几年，智库和基金会有合流的趋势，这一点在美国特别明显。不知道大家听没听说过"K街"，是美国的著名"游说一条街"，这条街遍布各种智库和游说公司。

智库到底是怎么运转的？其实这玩意儿本身是政府职能的外包，比如政府想研究一个项目的可行性，就外包给智库来研究。

当然了，政府出钱一般不会太多。美国的前财长保尔森讲过一件事，他想搞明白一件事，需要从高盛找一堆专家来做，那些华尔街的人贵得要死，政府能给的钱还不够这些人的时薪，但是高盛特别乐意替政府支付这些人的工资。高盛为什么这么大方呢？因为这是一个施加影响的机会。

智库也一样，政府支付的那点钱往往不够那些人吃顿饭的，不过他们平时拿着比如A国的研究项目，或者各种稀奇古怪的基金会的项目，研究出来的结果往往倾向于出资人。这些出资人当然不能直接打钱，就通过第三方转。在这种情况下，各种慈善基金会就有先天优越性。

这些智库往往自发倾向出资人，这也好理解，你研究出来的成果不替出资人说好话，今后谁还养你？你没钱了，自然就"饿死"了，属于一种进化选择。

第五章

西方的善与恶

传染病是如何塑造人类历史的

一、疫情导致罗马帝国的衰落

历史上超级城市崛起后，都面临几个很复杂的问题，比如城市需要的水源问题怎么解决，大量的粮食去哪里找，瘟疫怎么解决，等等。水源、粮食、防止瘟疫，其实都是由基建能力决定的。

为了解决饮水的问题，罗马城内修建了引水渠，之后他们的粮食就从埃及水路运输过来。这是他们的超级工程。但罗马城内瘟疫的问题却一直没能解决——罗马城内的人口越来越多，大家挤在一起，慢慢就变成了传染病的温床。165年到265年这段时间，罗马城内发生了五次大规模鼠疫，一次比一次惨烈，损失了将近30%的人口。其实在这段时间之前，罗马城一直都有这个问题，只是当时城市规模较小，疫情的杀伤力也不大。后来发展到超级城市，密集而活跃的人群给细菌、病毒增加了传染的机会，死神挥舞着镰刀疯狂地收割。

罗马帝国除了遭遇瘟疫，那些年同时还发生了其他问题，比如土地兼并严重，贫富分化严重，帝国边疆战事不断，因战争和瘟疫导致人口骤减，只好进一步吸收蛮族雇佣兵来帮他们打仗，之后蛮族雇佣兵权力越来越大，开始尾大不掉。

395年，罗马帝国分成了西罗马和东罗马——西罗马在瘟疫和蛮族雇佣兵的双重打击下崩溃了，最终在476年，蛮族雇佣兵将领废除西罗马皇帝，宣称效忠东罗马皇帝，西罗马灭亡。不过在541年，也就是西罗马灭亡六十多年后，东罗马也开始有瘟疫流行，并于542年春季全面爆发。当时什么办法都没有，完全不知道怎么回事，大家唯一能想到的办法就是去教堂祈祷，但没什么用，单是君士坦丁堡就死了近四分之一的人。此后的几十年，瘟疫又多次发生，从此东罗马也衰落了，不过依靠君士坦丁堡坚固的防御工事和贸易税收，东罗马一直苟延残喘到1453年才被消灭了。

而且不止鼠疫，当时还流行一种麻风病，这玩意儿恐怖到了极点，一旦被感染，皮肤彻底溃烂，人不如鬼。在著名的电影《天国王朝》里，爱德华·诺顿扮演的"耶路撒冷王"就得了这种恐怖的病，彻底没形了，惨不忍睹。

二、黑死病助力欧洲出坑

一般来说，黑死病就是鼠疫，这种病是通过耗子身上的跳蚤传播的，所以叫鼠疫。得鼠疫后淋巴结先溃烂，接着肺部发生病变，最后人喘不过来气，就憋死了。得了这种病，人的皮肤会由于缺氧变成黑紫色，所以民间形象地叫它"黑死病"。很多肺部感染都会导致人死后变得很黑，所以从严格意义上讲，黑死病不只是鼠疫，还包括其他肺部传染病。

在14世纪，黑死病在欧洲几乎是每隔一些年就肆虐一次，间隔的时间有时长有时短，有那么一些年，每隔五六年就来一次。黑死病肆虐的那些年，欧洲人的平均寿命只有20岁。

最严重的一次发生在1347年至1353年。

1347年，当时蒙古金帐汗国的人在围攻一座叫卡法的城池，不小心感染了鼠疫，而且卡法城死活没打下来，后来他们用抛石机往城里扔了几具尸体就走了。

尽管当时蒙古金帐汗国的人没有细菌学的相关背景和医学博士学位，但是他们有自己的一套逻辑，觉得让人给死人施法可以诅咒城里的人。死状越惨的人越方便施法，所以给那几具漆黑的尸体施了法扔到了城中后那些人自己就溜了，而这几具尸体就携带了鼠疫细菌。

　　蒙古金帐汗国的人走后，困在城里的商人们赶时间去做买卖，就驾船离开了卡法，就这样给欧洲其他地方带去了传染病。同一年，鼠疫到达西欧开始肆虐，第一期持续了三年，然后戛然而止。后来又发生过很多次，都是这样，来得突然，走得也突然。

　　在这几年里，欧洲死了2500多万人，占到当时欧洲人口的三分之一。英国一开始躲在岛上看欧洲大陆瘟疫肆虐，一度还在寻思准备远征军，等待时机去灭了法国。不过没过多久，他们那里也开始有了疫情，400万人死了150万，王子公主也都死了。

　　这里有个问题，蒙古金帐汗国的人自己溜了，他们没得病？当然得了，他们回去时，途经中亚，一路把鼠疫也带到了中亚。蒙古金帐汗国的人走后，中亚瘟疫肆虐，也造成几百万甚至上千万的伤亡。

　　欧洲在上次鼠疫戛然而止后就跟赶集似的，每隔六到十二年再来一次，一直持续了一百五十年，每次来了带走30%左右的人。

　　不过黑死病让西方有个意外的收获，由于死亡的人数太多，欧洲开始思考用技术来代替人力。人力不足让欧洲开始研究枪和机械之类的。

　　黑死病肆虐让欧洲人产生了一种视死如归的精神，天天看着周围的人成批地死去，恐怖的大洋探险也就不那么吓人了，随后前赴后继地去远洋冒险，最终发现了新大陆。发现新大陆和技术改进是欧洲人从恐怖的中世纪中摆脱出来的两个条件，都和黑死病有关。

此时到达新大陆的欧洲人都是经历过一轮又一轮的瘟疫筛选的人，简直跟蝙蝠似的，身体就是个细菌库，到达美洲后，船上还带着耗子。对于新大陆的印第安人来说，死神降临了。新大陆的印第安人很快死了90%以上，北美剩下的有抗体的印第安人后来也大多被美国人用枪给毙了，而南美的印第安人跟欧洲人慢慢融合，成了现在的棕色人种。

1665年，伦敦爆发了大鼠疫。那些年，教会对猫横加指责，认为猫是魔鬼的化身，导致猫天天被捕杀，数量大减，因而老鼠大增。在这次的鼠疫中，三个月内，伦敦的人口就减少了十分之一。同时期的欧洲却没什么事，因为携带鼠疫的耗子很快就被猫吃了，没扩散开。所以1665年那次鼠疫一般叫"伦敦大瘟疫"，因为只有伦敦倒了霉。

1665年的瘟疫有个意外的收获，当时牛顿正在伦敦上大学，瘟疫爆发后学校把师生都疏散到了乡下。牛顿回到村里认真抓学习，他后来标志性的一些成就，比如微积分、万有引力，就是在这个阶段有了突破性进展。

后来英国下了严格的命令，不准再捕杀猫狗。

这次大瘟疫也改变了西方人很多习惯，比如英国当时吃喝拉撒都在泰晤士河里。这次瘟疫后，英国开始搞独立的供水系统，后来又在水里充氯气杀菌。也可以这么说，传染病改变了人类的社会结构。

三、人类消灭天花

中国是最早能够对付天花的国家。清军入关后，天花在中国大地上肆虐。据说顺治帝就是得天花死的。康熙一度也得了天花，后来自己好了。

康熙上台后让人大力研究天花。清朝皇室的御医一顿翻古书，很快有了突破性进展，《本草纲目》里说是吃49个白色的牛虱子有助于防治天花，唐朝医生孙思邈也发现把天花病人疮里的东西弄点出来涂别人皮肤上能防治天花。大家看出来了吧，这就是原始版接种牛痘的方法，比英国早了那么几百年，并且在这个基础上搞出好几种办法来。可惜的是，这一发现没有得到推广。

当时天花每在西方肆虐一次，就会有大量人口死亡。如果中国的接种疫苗小技巧传入欧洲，不知道会对历史产生什么影响。

欧洲后来是英国人发现奶牛女工不得天花后，找来个穷人家的孩子测试了下，发现接种牛痘很有效，人类也就开始了大规模地接种牛痘，天花的末日也就快来了。

我们需要知道的是，天花是病毒，鼠疫是细菌。抗生素，也就是我们经常说的各种霉素，都是针对细菌的，比如针对鼠疫有特效，但是对病毒类的东西一点用都没有。

比如天花，抗生素基本无效，只能通过接种牛痘来预防。有了牛痘后，天花应该是人类历史上预防得最好的病。

从19世纪中叶开始，欧洲已经开始强制接种天花疫苗。全世界各国跟进。只有美国人比较倔，不少人声称生死都是神决定的，怎么能随便往体内注射牛身上的东西呢？坚决不接种疫苗！

美国政府因为这事讨论了近一百年，绝大部分国家都已经接种了牛痘，美国还没有行动。直到1947年，那年美国真出现了一个天花病人，政府急眼了，派军队进城，把所有不服的全部摁在地上接种了疫苗，自此美国也搞定了牛痘接种。到了1979年，天花病毒找不到宿主，世界卫生组织宣布人类已经消灭了天花。

大家从这件事也能看出来，在传染病防治这个问题上，并不是简单的个人选择，更多的是一种社会性的行为，需要每个人参与进来。

一般来说天花已经被消灭，不过问题并没有这么简单。

人类消灭天花是通过接种疫苗，并不是有什么特效药可以治疗天花病人，各国实验室里还有这种病毒。如果哪天有人疫苗失效或者没打疫苗，不小心又感染了天花，基本没什么特殊手段给他治，只能靠他自己的免疫系统去死扛，天花的死亡率还是挺高的，在30%左右。

事实上人类现在对抗病毒非常无力，比如大家熟知的狂犬病毒，也没什么好办法，只能预防，没法治。绝大部分病毒性的疾病都得靠自身的免疫系统，医生只能给你控制下症状，比如发高烧就给你降温，呼吸困难就上呼吸机。如果其他的器官有问题就服用对应的药物，过几天身体里的免疫系统就会开始识别病毒并且产生抗体。

大家一定要知道一个常识，病毒性疾病大部分无药可治，全靠我们自己的免疫系统。所以大家平时要多锻炼，多补充微量元素和维生素，增强免疫力。

另外要注意，从不锻炼的人突然去锻炼，免疫力会突然下降。很多人去趟健身房回来就感冒，就是这个原因，长期锻炼才有效果。

魔鬼在人间，人口贸易那些事

以前我在一篇文章中提了一句人口贩卖的事，很多人让我讲一下。这个话题有点沉重，不过，很多事情并不是看不到就代表不存在，了解了反而可能有助于我们避开它。

事实上就在我写这些字的时候，无数的罪恶正在这个世界的各个角落里不断地发生。人性的贪婪，对财富的渴望，促使一些人——曾经、正在以及将来也会一直践踏人类的道德和法律底线，做出一些令人发指的事。

查了不少资料，突然发现很多悲剧完全可以避免，怎么避免最后讲。

人口贩卖是世界上仅次于毒品和军火的第三大黑市贸易。

人口贸易由来已久，可能也是人类最古老的几项贸易之一。早在上古的时候，部落间交战，处理战俘的时候就出现了买卖人口的事。比如两个部落作战，一方战败，成年男性被杀，妇女、小孩就会被带回到战胜的那个部落，这些人可能被胜利者留着用作奴隶等，也有可能去跟别的部落换物资。

罗马帝国崛起的过程中就经常干这事，罗马最早是亚平宁半岛上的一个村，慢慢扩张成一个环地中海的帝国。罗马帝国征服一个地方之后，经常就把那个地方的所有人都当成奴隶卖掉，偶尔还卖到希腊、雅典等地。

等到罗马帝国彻底崛起后，帝国境内割据势力被推平，完善了公路设施，规定了统一的交易货币，奴隶买卖也就变得稀松平常。关于罗马帝国买卖奴隶的事，有兴趣可以看看电影《角斗士》。

那时候西方的已知世界分为"罗马"和"非罗马"，"非罗马"主要说的是现在德国那一带的日耳曼地区，那是罗马扩张的边界，罗马军团再往前打也打不动了，蛮族进攻罗马也没那个实力，从那以后双方既然吃不掉对方，干脆做起了买卖。日耳曼不是一堆部落吗？互相打来打去，战胜方就把战败方的战俘当作奴隶卖给罗马人，罗马人再把这些人赶到首都的斗兽场供大家娱乐。

所以恩格斯说：除了牲口，奴隶是日耳曼人卖给罗马人的唯一商品。

后来罗马帝国完蛋了，但是它的一些思想延续到了现在。后来大航海时代，非洲部落间混战，战败方经常被成群结队地赶上英国人和荷兰人的商船运往美洲种甘蔗。

时过境迁，千年时光一晃而逝，我们去看贩奴地图，就会惊奇地发现，如今的贩奴模式跟千年之前竟然如此相似，依旧是动乱国家是人口输出源，国际商业组织做中介，卖到别的国家当娱乐品。

20世纪苏联解体后，乌克兰、白俄罗斯乱成一片，政府自顾不暇，老百姓在生死线上挣扎。

只要有动荡，就有人从中牟利。大量的东欧女性被贩卖到西方各个地下脱衣舞厅从事性交易，这种状态从那时候起一直持续到现在。

这些东欧女孩深深地厌恶本国的贫穷和落后，希望去发达地区。这种心理正好被"蛇头（就是倒卖人口的中介）"利用，"蛇头"骗她们去发达国家从事服务业，比如做模特或者服务员，可是一转眼就被送去阿姆斯特丹、汉堡、马其顿等地当性奴。之前凤凰网做过一个专访，就披露了这种情况。

　　一个名叫伊兰娜的摩尔多瓦女孩称，"蛇头"哄骗她到意大利西西里餐馆当女招待，偷渡出境后却辗转被卖到巴尔干的妓院。大多数摩尔多瓦妇女都是为摆脱贫困而拼命地外逃，结果一个个落入魔掌。进入妓院后欠下的只有债，大多数受害妇女都有类似的经历。

奥尔加也是其中之一，她被迫从妓后遭受了惨无人道的折磨，却不敢披露自己的苦难经历。在这里，100个记者的报道不敌一个"蛇头"厉害。奥尔加的境况已极其恶劣，各种疾病缠身，她除了已流干眼泪的黑眼眶、一身的病毒、周身黑斑，再无其他。

她成为威勒斯塔小城的一个缩影。她每天被迫与10个男人睡觉。美国《新闻周刊》的记者在该地区做了持续四个月的调查，发现与奥尔加同样遭遇的妇女不计其数。凡逃跑或被告发的受害者，大多被追杀、谋害了。

只要有战乱就有此类恶行，这几年中东和非洲内战，就出现了大量这方面的问题。

几年前，CNN播出了一段视频，揭露了21世纪人类最可怕、最黑暗的事情。那些怀揣着踏入欧洲天堂梦想的非洲偷渡客偷渡到地中海——过了海就到欧洲了，可这道海却成了天堑，因为他们成了奴隶主们的猎物。

这些非洲的偷渡客主要来自索马里等国家，难民被抓到后被捆绑着关在笼子里，天天被鞭子抽，被以仅仅几百美元的价格卖给利比亚部落的民众。据估计，已经被卖掉的难民不会少于1.9万人。

这里就有一个问题，这些人明目张胆地干这种事，难道没人管吗？

这就是无政府状态的结果，那些地方政府都不太能管得到——权力讨厌真空。没有政府地方就会有黑社会，黑社会会挑利润率高的事来做——贩卖人口、军火、毒品等。

类似这种情况的，还有那些不发达国家的老百姓，他们普遍向往发达国家的幸福生活，可在支付"蛇头"巨额费用后，还要被"蛇头"卖到世界各地做奴隶。

他们被随便卖到了什么地方，比如去非洲南部种可可，去中东当性奴，或者去美国地下打黑拳。

整体而言，人口拐卖的事跟治安条件强挂钩，比如乱哄哄的东南亚地区，据说全世界三分之一的被贩卖的人口在那边中转，然后卖到全世界。

一方面，东南亚杂事太多，警方也忙不过来；另一方面，警方忙不过来导致事更多。犯罪成本非常低，进一步促成了治安环境恶化。东南亚整体的形势就是大城市还好，边境地带基本是三不管的无政府区。

这些在东南亚被贩卖的人会被卖到哪里呢？据国际刑警说，主要是卖往美国和欧洲，进入欧美地下夜总会，而且欧美有钱的大亨家里可以养奴。

还有一部分谁都不知道卖到哪儿去了。

国际人口贸易中虽然受害者大多是女性，但男性也不少。

包括我们上文提到的，在欧美打黑拳的，在非洲南部种可可的，在南美种鸦片的，都在警察、政府触及不到的地方。此外，重灾区还有东南亚的渔业奴工，也就是把大量的人弄到一个岛上去，叫天天不应，叫地地不灵，在岛上工作到死。

这类新闻随便一搜到处都是，我贴几段英国《卫报》的一个报道，里边是这么说的：

敏登（一个奴工）付钱给"蛇头"，从缅甸偷渡到泰国。此后，他被卖给一艘泰国渔船的船长，从此有家难回，每天在公海上工作20个小时，吃的只有一小碟米饭。常常挨打，因为试图逃跑被拔掉了满口的牙齿。

这位"蛇头"说，过去五年，他帮数千名奴工偷渡到泰国，同警方结成了"合作伙伴关系"。"在我看来，警察和'蛇头'是生意伙伴。每个人都从中受益，连位高权重的政客也参与其中。"

为了保证奴工精力充沛，船长会给他们服用冰毒。即使拼命干活，奴工也会挨打。在这种渔船上，暴力不仅是体罚的手段，也是对奴工进行心理控制的武器。

当然了，这只是揭发出来的一角。世界很大，邪恶的事很多，很多超出我们的想象。

国际人口贸易中还有一个大头，也就是"器官买卖"。现在东南亚的一些国家，器官黑市就是一个大产业，而且有完整的产业链。

很多西方国家的富豪在本国按照合法流程，可能等不到器官移植，因为他们有个等待列表，先到先得，等到器官捐赠者去世了才可以接受捐赠，问题是不一定能够配型成功。

但是到了东南亚这些国家，有足够大的地下黑市，能满足不同人群的各种需求，随时供应各种型号的器官。只要愿意花钱，基本可以做到几天内解决。

人口贩卖的事我们说得差不多了，接下来讲下如何防止悲剧发生。

TED（美国一家私有非营利机构）之前专门讲过这事，国际刑警组织分析过他们接手的案子，90%以上的被贩卖人口案件都和一件事相关——受害人太容易相信不认识的人。

大规模控制人口往往跟"蛇头"有关,在战乱或者贫困地区,有人说要带离大家脱离苦海,大家以为他是摩西,没想到他把大家带到火坑里了。

还有,一个人在陌生的地方,比如旅游的地方,心情愉悦,觉得当地的风土人情非常让人舒适,突然有个形象好的人跟他打招呼,先找他办点很容易的事,然后请他吃个饭,然后这个人就不知道去哪里了——他可能已经被兜售了。

一个人被诱骗之后,一般先被人身控制,随后会被人通过毒品等进行控制。国际刑警说,除了无政府状态的地方,在正儿八经的国家很少有人当街被抓走,掉坑里的往往是被人诱惑走的。

很多人收到过这种短信——爸,我在外面和人打架被抓,手机被没收,快汇款5万元到这个卡上,卡号是……

你很感慨这么低级的骗术怎么会有人上钩,其实你不明白,这叫"傻瓜筛选",通过垃圾短信筛选出傻瓜来,然后行骗。你一眼就看出来问题,你这样的人对于诈骗集团来说属于"高成本诈骗对象",人家根本不想跟你说话。

人口犯罪也一样,犯罪组织为了提高成功率,不会在一个人身上太用心,往往是广撒网,到处勾搭,挑选那些没有戒心的人。你稍微警惕点,对他们的勾引不热心,魔鬼就从你身边滑过了。

对于陌生人的邀请，陌生人递过来的饮料，以及莫名的殷勤，一定要保持100%的警惕，一念之间就是人鬼之分。

大家应该提高点儿警惕，哪怕稍微提高一点点，可能就挽救了一个人、一个家庭。

纳粹释放出来的恶魔

1918年，在欧洲，"一战"刚打完，遍地瓦砾，欧洲人正处在水深火热之中。

首先是成打的王冠落地，执掌俄国宫廷三百年的罗曼诺夫王朝被推翻，末代沙皇全家在西伯利亚被枪毙；发动战争的德皇也被赶下了皇位被迫流亡；奥匈帝国也走到了尽头，迅速被肢解。随后被肢解的，还有土耳其人建立的奥斯曼帝国。

奥斯曼帝国和希腊是挨着的，但是他们对对方的意见很大，尤其希腊意见更大，自认为奥斯曼帝国的国土都是从他们希腊抢的，而且奥斯曼帝国奴役过希腊好几百年。这次奥斯曼帝国在"一战"中站队失误，站到失败的一方去了，希腊算是找到了报复的机会。

战前的奥斯曼帝国领土面积非常大，战后奥斯曼帝国解体后成立了土耳其共和国，只剩下相对很小的领土，可希腊依旧不放过它。

当时英国人非常喜欢希腊，希腊拿了英国人给的物资和武器就去抢粮、抢钱、抢地盘，面对英国人和希腊人联合搞事，当时的土耳其是没有抵抗能力的。这时，突然传来一个好消息，说是希腊老国王被一只猴子咬死了，然后土耳其就得救了——这又是怎么回事呢？原来，当时希腊老国王去公园遛狗，狗和一只猴子打起来了。他上去拉偏架，和狗一起打猴子，结果被猴子咬了，几天后就死了。

新上位的希腊国王在英国没有足够的人际关系，英国对希腊迅速冷淡，说好给的枪也不给了，希腊很快就被土耳其给赶回来了。

不过希腊最终也没吃亏，把土耳其朝着爱琴海的领海全给拿下了。

跑偏了，我们继续说1918年。

英国人在"一战"中彻底被打怕了，英国竟然死了上百万人，还好英国有印度、澳大利亚、加拿大等殖民地。不过"一战"确实让英国人伤筋动骨。

欧洲以前都是贵族挥舞着指挥刀冲锋在前的，权利和义务要对等。英国一般是一个村的人编在一支部队里，你是苏格兰高地来的，你们连就是苏格兰高地连，由苏格兰高地的贵族带着大家。在"一战"中，英德两国贵族走在队伍最前边，在战争中被消灭了。从那以后，这两国开始平民政治了，也就是说贵族不够用，平民开始从政了。

对于没有贵族这一点，法国倒是有"优越性"，因为法国贵族在一百年前的大革命中已经上了断头台，到了"一战"时基本已经没贵族了。

在1918年，德国人心情很不好，因为他们战败了。其实回到当时，德国人中只有一小部分觉得他们打输了，绝大部分人觉得他们是被国内的奸细给出卖了，被犹太人给出卖了。他们已经成功逼迫俄国退出战争，并且敌方没有一个士兵踏上德国的国土，这叫什么失败啊，怎么就投降了呢？人们想不通。

想不通就会失落，失落就会空虚，空虚了就容易做消极、放纵的事情。

很多人已经发现了，很少有人讲德国在"一战"前是怎么崛起的，以及"一战"后是怎么迅速恢复的，因为两次都非常反常理，跟我们一般理解的不太一样。"一战"前德国并不依赖什么市场经济，或者说市场经济成分很小。德国的大突破完全不成理论，不可复制，而且关键是不大符合人们常常学习到的经济学常识，随便一个经济学系的学生都可以证明它崛起不了，但是它确实崛起了。

德国当时搞的主要是国家财政和超级企业结合，类似官督商办，国家大规模购买克虏伯等公司的产品，很多大家熟知的德国公司早期最大的客户就是政府。这些公司开展研发，大力发展科技，让德国从农业社会直接过渡到了工业社会，迅速成为世界第二大工业国。这种工业体系都有战争潜力，也就是说，一旦发生战争，可以迅速切换成战争模式，比如奔驰公司在"二战"中就是造坦克发动机的，保时捷在"二战"中就是最大的坦克制造商，并且那时候就开始生产试验型电力发动机。现在保时捷跑车强大的电力发动机其实在"二战"中就已经在研究了。

在这种体制下，德国工业一日千里，国家投资，国家买单，不然当时疲软的企业根本拿不出那么多钱搞研发。德国天才化学家泽尔蒂纳那最早从鸦片里提取出了吗啡，随后在1925年，几家化学公司合并成了超级巨头法本化学公司，这个公司实现了技术突破，开始大规模廉价生产可卡因。

"一战"结束后，大家心情不好，普遍有种逃避厌世的情节，正好德国又是毒品生产头号强国，德国便成了头号的毒品消费国。不只德国人自己吸毒，当时很多人听说德国人在吸毒而且很便宜，都蜂拥到德国体验。德国在战后搞了一个奇特的产业——旅游吸毒业。

不过这种状态没持续多久，纳粹上台以后一度禁止了毒品的制作、出售和使用。而且纳粹还发挥想象力，把毒品和犹太人联系在一起，从小学生开始就教育大家，毒品和犹太人一样坏，要一并清理掉。

纳粹搞禁毒搞得热火朝天，不过禁毒没多久，他们自己却搞出来一个新毒品。这又是为什么呢？

原来在1936年的时候，当时柏林奥运会上有美国运动员使用了一种奇特的药物，叫苯丙胺，能提高运动员的成绩。而且他们还到处兜售，价格卖得特别贵。

苯丙胺不是毒品吗？运动员这不是在服用兴奋剂吗？还有没有人管了？

事实上在当时苯丙胺还不算兴奋剂，而且社会对兴奋剂的定义永远要晚于科技一步。往往一个玩意儿用了很多年了，才突然有人注意到，经过研究把这个药物列入兴奋剂名单。

当时德国也一样，觉得冰毒这玩意儿挺好啊，吃了之后不疲劳，还没看出来有啥副作用，唯一的毛病是不能大规模量产，产量低，价格高。

不过这一点难不住德国人，德国人和英国人一样，动手能力强。所以当时的一家德国超级化学公司去找赫尔曼·威廉·戈林，了解纳粹的，都知道这人也是纳粹前几号人物。

赫尔曼·威廉·戈林稍作考虑就授权全力开发这玩意儿。短短一年后，德国化学家成功地用非常便宜的原料合成了这玩意儿，使用的是天然药物麻黄碱。麻黄碱大家可能不熟，早期的感冒药里都有这个成分。随后这种药物起名叫"帕飞丁①"，注意，帕飞丁就是冰毒，冰毒就是帕飞丁。

这种药物的作用是让人进入一种头脑异常清醒，身体充满能量，意识变得非常敏锐的状态。长期使用或者单次过量使用会对大脑和神经细胞造成永久的损伤，当然了，在当时大家并不清楚长期使用会有什么坏处。当时开发出这种药的泰姆勒公司不但在地铁上发广告，还开拓性地搞"试用装"，给几乎所有的持证医生都写了一封信，介绍这款新药，并且在信中附上一份3毫克的试用品，表示"用了不爽算我输"。

冰毒刚出现的时候，大家发现这东西具备的好处太多了，以至于很多医生发现基本所有的病都可以通过帕飞丁解决。大家当时都不敢相信这个星球上有这么好的东西，而且还无害。而滥用帕飞丁的恶果，在很多年后才逐渐被看清。

不过在当时，德国已陷入了对帕飞丁的狂热追捧中，他们甚至在巧克力中都添加了大量的帕飞丁，当时的广告词竟然是"妈妈的好帮手"。

---

① 帕飞丁是甲基苯丙胺即冰毒在德语里的名字。

当然，后来人们发现了帕飞丁的危害，也就对它深恶痛绝了，更是远离了它。

文章的最后，必然要说下现在这类毒品在全世界范围内的存在状态。当初纳粹把它带到世间，如今纳粹没了，这东西倒是混得风生水起。我专门找了一份世界毒品报告，给大家汇报下现在的毒品状态。

一、2016年，美国全年6万多人死于吸毒过量。什么是吸毒过量呢？就是吸毒的过程中人体会产生抗性，相同计量的毒品越来越不顶用，吸毒的人会不自觉地逐步加大使用量，哪天突破人体极限就会死亡。事实上这是迟早的事。还有一种可能，吸毒者复吸之后身体抗性降低了，然后他继续使用大剂量，然后就死亡了。

二、大麻是全世界使用最广泛的毒品，作为入门级毒品，全球吸食大麻的人很多。绝大部分人就是吸食大麻后开始吸食海洛因的。

三、至于纳粹释放出来的这个恶魔甲基苯丙胺——冰毒，现在全球吸食者非常多。

四、不过在美国，第一大毒品威胁还不是冰毒，而是海洛因。冰毒主要是在欧洲销售。

五、吸食冰毒或者其他毒品本身会造成大量的社会问题，比如在一些毒品管制失控的国家，最大的问题是艾滋病横行，犯罪率居高不下，人人自危，不仅因为瘾君子为了获取毒品而不择手段，更是因为瘾君子会变得非常暴力。国外那些支持放开毒品管制的人，真该去那些没有毒品管制的地区看看，很可能会被瘾君子给打死。

六、贫穷的社会是毒品泛滥的土壤。

第六章

西方资本下"实"与"虚"的十字路口

美股咋跌得那么惨

现在，我们来分析下"美股何以至此"——美股怎么就爬了这么高？解释清楚了美股这些年不合情理地爬了这么高，也就能理解为什么会摔得很惨[1]，这不是财经问题，这是常识问题。

我们要知道，我们可以不炒股，但无论如何一定要懂点股市，这玩意儿跟所有人的一生是强相关的。

一、为什么美股不正常

美股在2009年有过一次暴跌，最近正在经历新一轮的暴跌。

按理说美股跟美国GDP应该是差不多同步的，规模也应该接近GDP，但是大家都看到了，最近十年美国GDP只涨了那么点，

---

① 本文创作于2020年3月。

可是美股这些年又涨成什么样了？前段时间美股是美国GDP的200%，于情于理都不合适。

那这些年发生了什么呢？

先是奥巴马时期坚持放水。然后，特朗普上台了。为什么特朗普上台会对美股有这么大影响呢？

难道他是经济奇才，一举提振了美国经济，让美国人民信心高涨，股市再上新台阶？还是因为特朗普是金融炼金术士，有什么神奇炼金术？

都没有，他给美国股市打了两针"兴奋剂"，让美股就跟听到哨子的眼镜蛇一样立起来了。

二、第一针：减税

税收真的是越低越好吗？

其实咱们做一个思想实验你就知道了。

假设你是一个美国企业主，政府突然宣布给你减税，你们公司账户上多出几个亿来，你选择怎么操作呢？

扩大再生产，雇佣更多的员工，赚更多的钱？

事实上几乎所有的初级经济学都是这种逻辑，认为减税后会扩大再生产，促进就业什么的。

但是问题就出在，现实世界复杂那么一些。

首先经济学里一直有个假设叫"无限市场假设"，生产出来多少产品都能卖得出去，所以减税才会导致企业扩大再生产。不过现实中根本不是这样，现实中大部分行业都是饱和的，扩大再生产就是找死，消费是不足的，产能是过剩的。

公司都是订单驱动的，比如你是一个生产汽车发动机的公司，减税后如果订单不扩大，多出来的那笔钱没法去雇佣工人生产更多的发动机，因为现在全世界最难的事不是"产能"，而是"卖不出去"。

比如波音，每年能卖多少架飞机都是确定的，多卖一架都费劲，"扩大再生产"这事本身存疑。

美国GDP的80%以上是服务业，比如商业咨询和华尔街金融什么的，这种生意就更没法扩大产能了。

那老板会给员工把这笔钱分了吗？提高人们的收入，增加购买力？

当然不会了，今年减税涨工资，明年不减税了，工资怎么办？减工资？当然不行了，工资这玩意儿只能涨，一般不能降，凯恩斯说工资有"黏性"，说的就是这事。大家观察下，大公司一般会搞奖金制，就是避免工资没法降的困局，实在不行，就裁员，一般不会动员工的基础工资。所以公司不到万不得已，也不

273

会普调工资，给自己找不痛快。

如果你是个公司管理层你会怎么办呢？

不复杂，有钱花在刀刃上，多出点钱来就应该做点立竿见影的事，什么事呢？

对，回购股票。

炒股的人对这个词太熟悉了。

回购股票非常简单，也就是公司用自己手里的钱去市场上把股票回收回去。这样市场上自己公司的股票就少了，正如发生"猪瘟"导致大量的猪被屠宰后，猪肉价格暴涨一样，股票少了，股价自然会上升。而且股票少了以后，每股的分红也会变多，这样投资人会更喜欢这只股票，大家追涨杀跌，股市一涨再涨。

那问题来了，为什么经理们这么热衷于拉高股价呢？

这又是一个管理学上的痼疾。近代企业的所有权和管理权是分开的，董事会有钱的人们静静地在家歇着，让职业经理人帮他们打理公司，为了提高他们的工作积极性，就给他们分股票，他们只有打理好公司，股票才会涨，股票涨了他们的工资也就涨了。

本来设计得挺好的。但是没想到很多职业经理人不想着怎么经营企业，直接去拉股票了。

所以他们千方百计地想拉高股价，股价高了公司账目就好看了，自己的收入也就有着落了，去下一家公司也人见人爱了。回购股票简直是混迹江湖的"金手指"。

不只减税减出来的钱被他们拿去回购股票了，特朗普推动美元回流美国，本来是要让这些钱回美国去建厂——曹德旺是少数几个真去开厂的，因为他的玻璃的主要费用花在运输上，而且主要卖给美国，所以要把厂子建到美国去，整个过程中麻烦不断。其他基本没成功的。

说到这里，大家可能有个问题，难道减税这事不好吗？

这未必是好事，这玩意儿太低了影响生活；太高了一样影响生活。

比如税收太高了大家都不去开厂子了，反正赚的钱都交税了还开什么？

但是太低又会导致国家赤字，赤字太高会导致政府破产，美国的国债规模马上就要大到政府连利息都还不上了。人类历史上几乎所有的大帝国崩溃都是财政的崩溃，这可不是小问题。

所以，克林顿当总统的时候美国经济增长得非常快，他就是加税的，加税还国债。

三、第二针：利息调控

尽管职业经理们拿着减税的钱去回购股票了，但是大家要有个常识：普通人玩现金，富人玩贷款。

我们经常看到一些股票操作盈利才3%，一堆富人抢着玩，可能有人会问那玩意儿怎么赚钱？

关键就在贷款，这个星球上很多财富都是贷款贷出来的。

假设一个理财产品收益率3%，你投一万元进去，只能赚三百元。人家专业玩家直接上十倍或者三十倍杠杆，也就是从银行贷款是本金的十倍或三十倍，一万块就能赚三千元或者九千元了，收益率冲到了30%或者90%。

但是这里有个前提，贷款利息得足够低。如果贷款利息也是3%，那么这个游戏就没法玩了。美国搞了那么多年的零利率，非常有助于玩这种套利游戏。

所以美国职业经理人回购股票不是单纯用现金回购，而是贷款去回购，反正美元利率低，借钱跟白给似的，为啥不借？就这样，从2008年金融危机开始，美国股市一直涨，主要动力就是职业经理们借钱回购股票。

那段时间正好是奥巴马执政时期，所以奥巴马也享受了一段低利率推动下，美股持续上涨的幸福时光。

低利息对整个社会影响很大。

再举个例子，如果你看上了楼下的一间商铺，想盘下来卖狗粮，一打听，需要20万元，当前利息3.45%，你一算，现在贷款20万元年底还银行20.69万元，你觉得还是能赚出来的，你可能就贷款开始装修，顺便雇了一个人帮你打理，你也就成了小微企业了。

但是如果利率高达20%，你一算，年底要还24万元，觉得太离谱，算了，不搞了。

同理，相同的新款笔记本电脑，如果利息足够低，甚至分期免息，可能很多人买，但是如果收20%的利息，大家就选择观望了。

大家看出来了吧，利率低大家才会去投资和消费，利率高的话，也就没这事了。

但是利率太低，很多人的消费和投资就会很盲目。这个大家应该非常有体会，店家搞分期免费，人们就容易不断地买东西，很多人最后还不上了。

美联储作为发行货币单位，它就是要捕捉市场信号，经济萧条的时候拉低利息让大家消费投资做买卖，经济过热的时候再拉高利息防止大家不理性。

当初建立美联储的时候，美国人做了仔细的权衡，为了防止政府干预美联储的事务，毕竟政府有一直发货币的冲动，所以刻意搞成了一个独立机构，独立做判断。

特朗普上台后出问题了，因为美联储发现市场开始不理性了，要拉高利率，而且经济危机十年来一次，美联储得拉高利率准备下一次冲击。从2008年之后美国利率太低，如果不拉高，下次危机爆发的时候美联储只能干瞪眼了。

但是这事惹怒了特朗普——很多复杂操作都是依赖低利率的，美国人又是借钱消费，如果利率升高，肯定会影响大家的消费，这样经济就不行了嘛，股市也就上不去了。

特朗普的心态彻底崩溃了，奥巴马的八年任期内美联储一直没把利率拉上去，怎么他一上台就要拉利率？是不是对他有意见？美联储这是要通过拉高利率毁了特朗普股市啊——这可是特朗普的政绩！

美联储拉高利率就是要影响他的股票和经济了，他能同意？

当然不同意，不过2018年之前的美联储主席是耶伦，行内人称"椰奶"。

耶伦非常彪悍，根本不理特朗普。

但是她也有个软肋，2018年任期期满了，按照美国的惯例，一般是要连任的，连任就得总统批。这可把特朗普给高兴坏了，特朗普管不了美联储主席做决策，却可以决定任免，趁着这次机会，赶紧把她给赶走了，并且推荐了他很看好的鲍威尔。

鲍威尔出身美国豪门，背景深厚，由特朗普的财政部部长推荐给了特朗普，两个人挺合得来，特朗普觉得鲍威尔跟耶伦不一样，应该能听自己的。这个鲍威尔在华尔街混过，各方也都能接受，所以被提名后顺利通过，就去美联储上班了。

不过鲍威尔刚去上班，立刻被美联储大楼里的那帮技术官僚给带偏了。大家知道，美联储有一堆律师和经济学家，清一色上过名校，互相是校友——他们撺掇鲍威尔不要理特朗普，美联储应该像最高法一样，独立王国，水泼不进，继续执行美联储事先计划好的涨利率缩表。多说一句，最高法跟美联储一样，大佬都是总统任命的，但是总统不能管他们具体的事务，最高法更是油盐不进，谁都不理。

涨利率就会挫伤经济，股市也出现疲态，这下特朗普怒了，天天抨击鲍威尔。

鲍威尔一开始还死扛着，他的美联储同事们还在电视上帮他打气（美联储的经济学家很多都是特邀评论员或者专栏作者），到了2018年年中，特朗普一度宣布要开除鲍威尔。

到最后，鲍威尔不堪压力，终于屈服了，美联储宣布降息。

在2018年年中，美国终于下调利率了，大家融资成本降下来了，终于又可以折腾了。所以在2018年一阵低迷后，美股在2019

年继续一飞冲天，又爬了3000点。

但是这种高位本身是被"激素"给吹大的，美国经济并没有明显改观，美国的GDP并没有实质改进，股市涨成这样，正常吗？

到此，美股也就到了史无前例的高位，风险也前所未有地聚集。

美股泡沫达到了百年难得一见的地步。

四、靠"激素"维持的股市必定会出问题

整体而言，美股如果一直往上堆，就算你用尽办法，也迟早会塌。

在奥巴马执政时期，美股就不太正常地一直在上涨，远远偏离了GDP的涨幅。特朗普接岗的时候就有很多人说，他正好摊上了美国的萧条周期，美国基本上十来年一个周期，奥巴马那个周期正好是繁荣周期，所以特朗普任职期间不可避免地要出乱子。

美股自从2008年经济危机后，其实就一直靠"激素"维持着，这一点大家都心知肚明，但是这玩意儿慢慢变成了个博傻游戏，有点像击鼓传花，大家都知道这玩意儿迟早结束，但是总觉得自己不会接最后一棒，只要自己足够聪明可以躲开这一劫，就

能一起疯狂。

按理说特朗普应该是去杠杆的，不过特朗普不但不接受这个结果，反而继续加杠杆。

就算局势平平稳稳，企业欠那么多钱推高股市，这钱总得还吧？据专业人士估算，美国的这批债务早晚得爆发，也就是说，美股长期服用"激素"，迟早会有副作用。

值得玩味的是，美联储类似赌气似的，把利率直接降成了零，相当于步枪没子弹了。据外界推测，可能是美联储已经知道海啸不可避免，干脆撂挑子不管了。

越富越不纳税的奇怪现象

有一个印度人，用英语回击别人指出他们两极分化的现象，并登在印度的报纸上，而90%的印度人根本看不懂他写了什么——印度只有几千万人能看懂英语，剩下的十几亿人能识字就不错了。这简直算得上印度的黑色幽默了。

观察印度，大体有如下特点：

1. 上、下层互相不通婚，类似种姓制度。

2. 国内有2%的世界级精英，10%的普通人，剩下的人过得稀里糊涂。

3. 少量上层精英，接受精英教育；其他大部分下层人，接受随机教育，自生自灭。

4. 整个国家宗教氛围浓厚，老百姓都有种"认命"的思想；越底层越反科学，连基本的科学常识都不接受。

5. 政府内部各自为政，也就是大家说的"散装的"。

如果对历史比较熟，大家估计已经看出来了。从古到今，包括古罗马、奥斯曼、英国，这些帝国后期都存在这种现象。

这么来看问题很明显了，帝国晚期都这样。或者说，多数国家发展一两百年，都会形成这种效果。

那大家可能就纳闷了，不对啊，印度还没发达呢，怎么就呈现出晚期症状了呢？

其实想想也不奇怪，印度跟美国不一样，不是革命建国。它在英国人手里混了几百年，封建迷信的牛鬼蛇神一样都没除，都被保留下来了，而且英国人并没有兴趣去改造印度。英国人走后，古代印度基本无缝对接到了现代印度，整个上层基本没变，社会结构也没变，种姓制度名义上没了，可是一直都活在大家心里。新印度直接继承了殖民地时期的结构，结果难免就老态龙钟。

所以我今天就来分析下，为什么这么多国家跟印度越来越像，难道说，印度模式才是所有国家的最终归宿吗？

这方面原因很多，不过我今天选一个最重要的，专门讲讲财政方面的原因。当然了，财政原因也不是唯一的原因，但绝对是最重要的一个原因。

一、财政是什么？

我经常说，几乎所有的大国崩溃，都是财政的崩溃。

这事一直也没展开讲，不过财政的重要性比大家想象的重要得多。像美国人达利欧那样的投资界大佬，很少聊经济学，反而长年累月地研究各国财政的相关问题，因为财政问题几乎是所有各国问题的总根源。

我以罗马帝国为例，说一下它是怎么运转的，毕竟现在的美国和当初的罗马帝国太像了。

罗马帝国最重要的事，就是帝国要在北方边境跟蛮族作战，防止蛮族进来烧杀抢掠。而且要保证国内的治安，不然到最后谁都没法好好做生意。

另外要修路、搭桥，不然运输成本高到物资没法在境内流通。还要兴修水利，如果饮用水出了问题，没等蛮族进来，城市自己先崩溃了。而且还得有垃圾处理系统。

此外，还需要维持一个官僚系统。

到后来，国家还要搞义务教育、承担科研项目、海军去保障海外商道等。

大家看出来了吧，这些都需要钱。

这些事短期收益往往不太好，需要国家来做，国家自己又不会赚钱，所以就需要对社会征税。关于征税，这个问题非常复杂，既不能征太多，也不能征太少。

如果收得太多，大家生产做买卖的积极性就没了；如果收得太少，政府又没钱，没法修桥补路，也没法抵抗外敌，不能抵御蛮族，到时候大家就得向蛮族纳税了，不仅纳税，还得低三下四。

至于税率，我算了下，美国财政收入是GDP的30%左右，也就是GDP的30%被征税了。

美国财政结构中个人所得税所占比重最大，由普通老百姓来承担。

一般来说，一个国家刚成立时，非常艰苦，因为大家都很穷，政府没地方去收税。我常讲的英帝国伊丽莎白那会儿，全国只有几十条舢板，穷得不行只好去当海盗。美国也一样，美国财政部刚成立那会儿，国库里只有一堆借条；联邦法院听起来这么权威的机构，办公室竟然是个半地下室。

如果国家从一开始就没发展起来，那相当于一出门就掉坑里了。这种情况在非洲十分常见，我们熟知的那些国家基本都是这样。

如果经济能顺利发展起来呢，就跟美国一样，蓬勃发展，政府也就有了税收。收了税，政府去给大家打仗抢地盘，或投资修运河什么的，经济更加蓬勃发展，一切欣欣向荣。

一开始也有穷人和富人，但富人没那么富，空闲的土地也多，可以分给穷人去种。美国人建国那会儿就把英国人的土地给大家分了，后来不够，又去买法国人的地，抢了印第安人和墨西哥的地，给大家种；大家有了地就可以交税，政府有了税金就可以扩大军备，继续给大家去抢地、抢地盘。

但到了后期，又出问题了。按理说经济规模变大，政府税收变多才对，但这个世界诡异就诡异在这里，大部分国家到了后来经济发达了，用钱的地方多了，税收反而不够了。

这一点在罗马帝国和奥斯曼帝国，以至于现在的美国，都反复上演。国家GDP翻了好几番，政府却越来越没钱，债台高筑。没钱啥事都干不了，国家后期财政都陷入了困境，社会秩序开始解体。国家越来越没谱，碰上一次灾难就栽一个跟头，栽跟头的次数多了就掉坑里了。

二、财政怎么就崩溃了？

人们可能觉得很迷惑，按理说国家发展到后来，肯定比前期发达啊，怎么会税收越来越不够用呢？

其实也不复杂。一开始大家到处征地，人人种地，部分人还搞点小发明发了财，这时候税基很大，家家户户都纳税，国家花钱的地方也不是太多，咬咬牙就过去了。

但随着时间流淌，政府要支出的费用越来越大。比如社会上老人越来越多，政府得养着；巨大的基础设施到后来维护成本也越来越高，因为肯定越来越陈旧；而且各国无一例外，公务员也越来越多。变成强国后，不可避免又要到处去打仗维护商道，这玩意儿更是吞金兽，再叠加几次灾难，几乎不可避免会变得债台高筑。而政府的收税能力却越来越弱，因为财富越来越向少数人聚集，这一点在全世界都是相通的。

比如美国现在最富有的400个人，拥有的财富超过了其他1.85亿美国人拥有的财富总和。

但他们纳的税是什么情况呢？他们纳的税，跟那1.85亿人一样多吗？

不，他们比那1.85亿人纳的税少得不是一点半点。富人有的是办法避税。

为什么会出现这种情况呢？

也不复杂，政府也是由人组成的。国家越往前发展，各种利益集团的人开始进入政府担任高官，他们会积极推动有利于他们自己的税收政策，什么工商集团、土地集团和军工集团等，到最后都在减税，减来减去，税收由工薪阶层来承担。而富人却有的是办法避税，请律师找漏洞，实在不行就去避税天堂躲着。

所以，所有帝国后期的共同征兆是：国家花钱越来越厉害，真正有钱的大户不纳税，税收基本压在中产阶级身上。

不仅现代国家有这个问题，历史上所有大帝国都发生了这个问题。下面我举几个例子。

罗马帝国的元老院都是贵族和大户，他们自然不可能随便通过对自己不利的法令，这也是为什么罗马帝国会有格拉古兄弟的改革。

大英帝国后期也一样，议院里基本都是各种金融大佬和政治家族，类似丘吉尔那种。不过大英学会了征收贸易税，后来贸易地位不行了，帝国也就完蛋了。

政府收税能力差，花销却不少。官僚是不是得养？庞大的社会机器是不是得维护？所以，所有大国的后期都是入不敷出，稍微有点风吹草动就拿不出来钱。

而达利欧他们研究的结果认为，所有帝国都有两件最重要的事，技术进步和灾难处理。

技术进步会扩大税基，比如现在互联网产业大发展，国家也能多收点税。

而灾难是对帝国的大考。达利欧研究了中国的明朝、清朝，以及荷兰、西班牙、英国和美国，他认为前五个都是在灾难中逐步崩溃的，因为到了后期，财政苟延残喘，碰上大灾难处理不过来就崩溃了。而美国现在也处于面对灾难束手束脚的下行通道里。

印度也一样，它的财政很糟糕，单是外债就欠了1.4万亿美元（内债不算债，外债是要刚性兑付的，这么大的数字非常危险了）。

三、财政崩溃还影响哪些方面？

如果国家财政不行，很快就会出现各种乱象。政府相互扯皮不作为，老百姓也跟着越来越糊涂。

老百姓变糊涂这事也不难理解。比如上层人士有钱，所以搞精英教育，恨不得一个孩子三个老师，在这种情况下，孩子上名校的概率大幅提升。如果你家好几代都在一个名校，而且长期捐款，那概率会进一步上升。

下层没钱，按理说国家得搞义务教育。但政府也没钱，只好凑合着教育。教师工资也上不去，地位也不太高，积极性不太强，这就演变成了美国公立学校的"快乐教育"——我教不会你东西，还不能让你快快乐乐的？美其名曰素质教育。

这样的状态持续几十年，上下层隔阂就非常明显。美国和印度差不多，上层非常优秀，中层正在萎缩，下层越来越糊涂。欧美中下层的文化素质非常差，打过交道就会有感受。欧美基本没什么东西能形成共识。

欧美很多人听见"疫苗"的第一反应是比尔·盖茨要下毒，简直匪夷所思。

这就是平时不好好学习，听什么信什么的结果。关键是政府不管，放任人们没有常识。

财政出问题，很快也会体现在社会治安上。国家没钱去充分打击犯罪，警察需要社区养着，哪些社区有钱、纳税多，警察优先照顾哪些社区。这种情况在巴西、阿根廷和美国等都很常见，这些国家都是富人区治安好。

由于治安的恶化，富人不愿意在城里待着。他们搬到城外，不再给城市纳税，把城市留给了穷人，城市变得更加没谱。现在美国有些城市处于破产边缘，就是这个原因。大部分国家现在富人跟穷人都泾渭分明。

政府没钱，公共设施也修不下去。大家去了欧美经常有种感受，那边很多东西都年久失修，主干道的路中间有个坑也没人管，不过政府确实也没钱。

四、绕不过的三百年

从财政角度讲，很多国家发展两百多年后，会陷入"财政陷阱"，变得入不敷出、债台高筑，最后出一大堆问题，而且都解决不了。

这不是我发现的，桥水和高盛都有类似的研究成果。欧洲贵族可延续千年，但几乎没有任何一个国家能昌盛三百年，包括大英帝国。假如说近代英国是从光荣革命开始，到"二战"结束后帝国落幕的，中间也不到二百六十年。

达利欧在接受CBS采访时反复说，现在这种财富分化非常非常危险，扼杀了美国梦，撕裂了社会，造成国家财政危机。

如果问题大到一定程度，稍微有点风吹草动，就会引发社会巨变，这也是为什么他一直在呼吁给富人上高税（他自己就是超级富豪），也就是通过给富人上税来避免社会动荡，巴菲特和比尔·盖茨也有类似的想法。不过毕竟他们在整个富豪阶层里算少数。

现代国家还有个毛病。古代没法印钱，现在各国不一样了，碰上问题狂发钱。问题是，政府发钱这种行为不是均匀地发到每个人身上，有个比喻形容它是往你脑袋上浇了一盆水，脑袋湿透了，脚还是干的，所以政府发钱会导致贫富分化进一步拉开。

贫富分化越来越大，政府收税能力变得更弱，更没钱搞公共设施和猛抓义务教育，导致教育进一步拉大差距，教育如果拉开差距，后边其他的差距也会越来越大。

这不只是穷人考不上大学的简单问题，而是一个把下层"放羊"的问题。

如果一个人在学校像放羊一样放到中学毕业，必然脑子一团糟，连长一点的一段话都读不下来，注意力也没法长时间集中，除了看短视频什么也干不了，加减乘除都算不清；这样就算有机会致富，也不一定能抓住机会。现在欧美国家外表光鲜，但很多国家下一代的大部分人就这水平。

达利欧认为美国糟糕的财政和债务会彻底拖垮美国，当然了，不是现在，可能还得几十年。

第七章

西方"围猎"下的世界

跪下也得死——卡扎菲动了谁的奶酪

一、利比亚

利比亚位于非洲的北部，北边毗邻地中海，是地中海南部的战略要冲，典型的欧洲大陆后花园。南部的国土主要都是望不到头的沙漠，所以利比亚的大城市都集中在北部沿海地区。

利比亚东边和南边的国境线都是直线，这是当年殖民者在桌子上一边剑拔弩张，一边画出来的。大部分国境线是直线的国家之前都有过被殖民的经历。

利比亚这个国家前后追随过地中海那一带崛起的几乎所有大帝国，比如迦太基、阿拉伯帝国、奥斯曼帝国。1912年，利比亚又成了意大利的殖民地，"二战"之后又被转手给英国和法国，后来又被美国看上，修了军事基地不走了。

1951年，冷战刚刚开始。为了保证在北非的利益，在美国的支持下，利比亚宣告独立，成为君主制国家。

美国这个国家以前非常"务实"，根本不管自己的盟友到底是什么体制。

利比亚独立是在联合国安排下完成的，当时美国也是积极支持的。美国还给利比亚送美元，截止到1959年年底，美国累计向利比亚提供了超过1亿美元的经济援助，很多钱都是以类似支付军事基地租金的形式给的。尽管1亿多美元不能算多，也比不给强。

当然了，美国这么舍得花钱肯定不是无缘无故的，而是因为利比亚左边的阿尔及利亚和右边的埃及都倾向于苏联阵营。美国就把利比亚弄成一个隔离带和桥头堡，使得苏联在北非的势力范围没法连起来。而利比亚也深刻懂得吃谁喝谁向着谁的道理，全国人民安安稳稳地穷开心。

为什么这里要强调利比亚此时的清贫呢？因为大家都穷的时候，彼此都差不多，没有利益纠纷也就没有斗争的动力。利比亚当时非常贫困，内部充满各种势力，那时候人口也不多，却分成了一两百个部落，互相看彼此不爽。只不过利比亚当时经济差，也折腾不起什么浪花。但是到了1959年，情况变了。利比亚人发现自己家里地下埋着石油，而且还是含硫量很低的高质量原油；不但有油，还有天然气，利比亚探明的石油和天然气储量位居非洲第一。利比亚人肯定没有开采技术，赶紧让美国人过来帮忙，这下可把美国人高兴坏了。随后的几年里，美国在利比亚的石油利益超过了其军事利益，大批的美国石油公司躺在利比亚赚钱，也给了利比亚政府部分分红。本来挺好的事，但问题就出在财富上了。利比亚以前没钱的时候也没什么想望，有钱后矛盾越来越多，而且当权阶级也越来越腐败，搞得国内矛盾重重。这时候卡扎菲出场了。

二、卡扎菲

卡扎菲出身于非洲的一个游牧部落家庭，从小跟骆驼相依为命。和非洲中东所有的底层青年一样，唯一的出路就是参军，所以卡扎菲很早就参军了，一度还去美国留了学，成了利比亚内部比较新潮的年轻军官。

卡扎菲在成长过程中受埃及的纳赛尔影响很大。纳赛尔这人大家可能听说的不多，在地中海那一带也是个了不起的人物，军事政变上台，帮埃及从欧美那里收回了苏伊士运河，很有本事。卡扎菲无比崇拜这个埃及领导人。

卡扎菲回国后发现利比亚国内乌烟瘴气，老国王面对财富的心态不太好，不给大家分，只管他们自己那伙人。

1969年夏天，国王又去国外消暑。这里夏天确实很热，"二战"的时候，在北非的军队，中午都是在坦克上煎鸡蛋。这年的8月31日夜里，在军队担任中尉的卡扎菲伙同几个死党，率领着"自由军官组织"——纳赛尔的组织也叫这个名——发起了政变。这场兵不血刃的政变如同儿戏一般，顺利得不可思议，留在国内的王子喝得酩酊大醉，听到枪声后自己先跑了，整个革命过程只死了一个人。

作为一个纳赛尔的崇拜者，政变后的第二天，卡扎菲就直接跑到埃及驻班加西的领事面前，让他务必告诉自己的偶像纳赛尔，他愿意把利比亚并入埃及。可纳赛尔拒绝了他。

美国人听说卡扎菲上位之后，第一反应就是三连问：这是谁？哪来的？谁支持的？美国本来天天开会讨论在利比亚换个人，谁也没想到最后获胜的是卡扎菲。

卡扎菲趁美国还在忙着调查自己背景的时候，宣布保护外国石油公司的利益，这下欧美表示这人还是很懂事的，本来准备干涉下现在也放弃了。而利比亚的前朝王室和保王党发现欧美并没有支持自己的想法，果断选择了放弃斗争。

随后卡扎菲与美国进入了一段蜜月期。美国除了加大投资之外，还帮助利比亚修桥、补路、架天线等，改善基建。并且应卡扎菲的强烈要求，卖给了利比亚F-5战斗机。但是随着交往的加深，美国逐渐发现卡扎菲明显地出现了民族主义倾向，除了一系列因为购买武器产生的分歧之外，对美国最直接的威胁就是利比亚可能要搞国有化。

卡扎菲要在哪些方面搞国有化？——前文讲了，利比亚的石油、天然气都是欧美的，每年欧美拿走大头，利比亚拿小头。自己国家的矿给欧美赚钱，这种事在别人看来可能也就忍了，反正也惹不起美国，万一惹怒美国弄不好连那点汤都没了。但是卡扎菲不能忍，竟然较真了，开始纳闷为什么利比亚的矿不归利比亚政府，准备收归国有。

1973年9月1日，在利比亚革命四周年的日子里，卡扎菲宣布将美国在利比亚的石油公司股份的51%收归国有，一毛钱都没给美国公司。干净利落地没收，地地道道的狠角色。

大家都觉得利比亚完了，一起等着美国发飙。

但是此时的美国深陷越南战争的泥潭，国内经济疲软，和苏联的关系也在往缓和的方向走，不准备在北非再开一条战线，所以听说卡扎菲抢了油田，也没做出什么动作。

三、小国大梦

"二战"之后，石油成为各国发展的血液，中东地区巨大的储存量让石油在20世纪60年代保持在一个低价位。但是石油输出国觉得这事不对，大家都是阿拉伯人，互相竞争压低油价这种事不能再做了。所以就准备抱团抵抗，先后成立了石油输出国组织（大名鼎鼎的欧佩克），还有阿拉伯石油输出国家组织。大家商量好一起行动，对抗西方。

1973年年底爆发了第四次中东战争，美国看着自己的小弟以色列被打得太惨，实在忍不了了，对以色列进行了军事援助，使得后者扭转了战争的颓势。但是美国为这一行为付出了巨大的代价。愤怒的阿拉伯国家集体减产，通过石油给西方世界施压，石油价格每桶涨了四倍。美国本来打越南打得痛苦至极，现在能源也出了问题，出现了"二战"后第一次大规模经济危机，把整个欧洲也拉下了水，经济一片萧条，美国人排着令人绝望的长队在加油站前加油。

卡扎菲旁观了整个过程，发现原来还能这么玩，马上就有了跟西方叫板的底气。第四次中东战争之后，埃及意识到和以色列过不去实在是太难了，以色列背后是美国，跟美国对抗没有胜算，既然打不过就交个朋友吧。埃及作为阿拉伯世界的带头大哥，率先叛变了"革命"，承认以色列政府。这在阿拉伯世界立刻引起了轩然大波。

卡扎菲意识到机会来了，埃及的叛变给了他一个觊觎带头大哥宝座的机会，决定跟埃及划清界限，领导阿拉伯继续跟美国对抗，两国还在边境打了几次。为了高举反以色列的阿拉伯旗帜，卡扎菲持续和美国交恶，与反以色列的苏联越走越近。1979年，利比亚还从苏联买了先进的战斗机。

卡扎菲是想通过建立一个大阿拉伯世界，成为世界的一极。

卡扎菲学习苏联，在1976年到1980年利比亚搞的第一个"五年计划"里，利比亚的经济得到了快速发展。而巨额的石油收入也让卡扎菲治下的利比亚成了一个高福利国家，比如免费医疗、免费教育等。值得一提的是，卡扎菲对妇女地位异常重视，利比亚妇女摆脱了面纱，摆脱了家里的束缚，在社会工作中发光发热。

1980年，利比亚的人均GDP超过了11000美元。利比亚也一跃成为非洲最富裕的国家，半只脚踏入了发达国家。

四、眼见他起高楼

随着利比亚担当阿拉伯世界反美大任，1981年与美国彻底撕破了脸，两国正式断交。美国的禁运及石油价格回落的双重打击让利比亚国内的经济七连跌，到1987年，国家GDP相比1980年近乎腰斩。即使经济不太行，卡扎菲也没有停止自己在国际舞台上的努力。

1978年，卡扎菲觉得自己装备优良、武器先进，参与了乌干达和坦桑尼亚的战争，结果被坦桑尼亚狠狠揍了一顿。

利比亚南边有个国家叫乍得，利比亚趁着乍得内战的时候武力介入。1987年，乍得政府军在法国和美国的支持下又揍了利比亚一顿。武力输出一塌糊涂，文化输出同样必不可少，卡扎菲努力地在阿拉伯世界推广自己的思想，同时在撒哈拉以南的非洲国家搞文化输出。

只要有阿拉伯人的地方，就有卡扎菲的身影。

就这样，卡扎菲的激进主义和恐怖主义形象竖立起来了，暴躁的性格也让卡扎菲的人缘越来越差。哪有那么多喜欢打仗的国家，大家都只是想让自己过得好一点，但是这个想当带头大哥的人总是喊打喊杀、流血死人，大家早晚会变得离心离德。

1988年年底，一架执行德国法兰克福—英国伦敦—美国纽约—美国底特律航线的客机在英国的洛克比小镇上空爆炸，造成飞机上的乘客及当地居民共270人死亡，这就是震惊世界的洛克比空难。

美、英、法等国认为利比亚策划了这场空难，卡扎菲当即表示对这事不了解，不知道，没听说过。

随后美、英公布了调查结果，要求将两名利比亚籍的嫌疑犯引渡，卡扎菲继续不配合，并且加上了一句，引渡要求就是一种新的殖民主义。

随后，联合国宣布对利比亚的经济和外交进行制裁，再加上苏联解体和东欧剧变更让卡扎菲雪上加霜，国内经济一蹶不振。利比亚此时被国际社会所孤立，阿拉伯国家又觉得卡扎菲这个暴力分子简直是个定时炸弹，大家逐渐变得疏远起来。

利比亚除了是个阿拉伯国家，还是个非洲国家。卡扎菲没办法整合阿拉伯，就寻求整合非洲。在阿拉伯世界凝聚人心靠的是文化认同，那么在非洲就要靠白花花的银子了。

虽然联合国的制裁导致利比亚的经济变得困难，但是依旧比撒哈拉以南的一些国家富裕很多。而且卡扎菲积极地总结了之前的失败经验，采取了温和的态度，不再像个狂热的暴力分子，在非洲舞台上的表演项目从聒噪的迪斯科换成了平缓的交谊舞。

在殖民时代，欧洲殖民者在分割非洲时候，有意无意地制造了很多矛盾，使得非洲国家之间存在许多边界争议、部族冲突、地区冲突等问题。这些问题导致这些国家没事就打架，从砍刀发展到大炮。

卡扎菲这个时候以一个和平使者的面目出现，做了很多调停工作，解决地区动荡、冲突和战争，使得战争可以避免，差异用和平解决。

爱与和平永远都比暴力更得人心。卡扎菲在非洲世界获得了之前从未有过的成功，在2002年推动了非洲联盟的成立，代替了之前的非洲统一组织。卡扎菲高喊"非洲是非洲人的非洲"，成了非洲大陆上最杰出的政治守护者和国内外关注的焦点，风头一时无两。

非洲的弟兄们也投桃报李，在国际事务上声援利比亚。2003年年初，非洲国家更是不顾美国的强烈反对，全力支持利比亚当选为联合国的人权委员会主席国。

借着国际局势的缓和，卡扎菲赶紧搞了一波经济改革。2003年6月，卡扎菲公开批评国营企业效率低下，提出搞私有化，鼓励招商引资。

2003年8月15日，利比亚出人意料地宣布对洛克比空难负责，然后掏出27亿美元用于赔偿。2003年12月19日，卡扎菲宣布，自愿停止发展大规模杀伤性武器，并完全销毁化学及核武器。

是不是觉得卡扎菲突然性格大变?

这其中的原因就是在2003年3月，伊拉克战争爆发，随后萨达姆政权垮台。卡扎菲知道自己跟萨达姆压根不是一个数量级的，内心紧张，赶紧保命要紧。

2004年，美国放松制裁后，利比亚加速了私有化，石油部门的对外开放更是加速了利比亚融入全球、重返国际社会的进程。在第一轮石油勘探的公开招标中，美国公司中标15块中的11块；在第二轮石油区块公开招标中，西方国家共获得24块中的11块。这明显是在讨好西方。

这么好的态度，让利比亚赢得了美国的原谅，利比亚的经济再次腾飞，GDP从2002年的205亿美元一路飙升到2008年的871亿美元。更阔的卡扎菲继续过着春风得意的生活，在非洲舞台上的交谊舞越跳越起劲，越跳越成功。2008年，卡扎菲更是被非洲的国王和酋长们封为"万王之王"。

利比亚大约有150万非洲黑人移民，这些人为利比亚的建设提供了廉价劳动力，要知道，这个时候利比亚的人口也就600万。非洲人不用再跑到欧洲去打工，在利比亚就可以了。

之后卡扎菲又有了新目标，他要推动建立一个"非洲合众国"，还要为这个"国家"组建200万的大军，用来保卫非洲的荣光。

五、眼见他楼塌了

尽管一切看起来不错，但利比亚内部有个巨大的问题，那就是存在众多的民族和部落。一般认为，利比亚至少有一百四十个民族与部落，有影响力的有三十多个。

卡扎菲出生在利比亚东部的一个小部落，叫作卡扎法部落，这个小部落在卡扎菲执政期间被大力扶持，而不顺眼或者不合作的部落自然就会被打压。

卡扎菲政权倚重西部部落的做法，就让东部部落心怀不满。长期的家族统治导致利比亚虽然是非洲最富裕的国家，却也是全世界贪污腐败问题最为严重的国家之一。

此外，卡扎菲家族积累了大量的财富，卡扎菲甚至有意大利足球俱乐部尤文图斯的股份，国内两极分化也很厉害。资源型国家都有这个毛病。

2010年年底，暴乱席卷了中东地区，然后利比亚也受到了波及。第二年2月，利比亚爆发大规模游行，东部部落率先打起反卡扎菲的旗帜，随后诸多部落纷纷宣告反卡扎菲。

让卡扎菲没想到的是，这时西方势力竟然也对自己动手了。2011年3月17日，联合国通过的1973号决议敲响了利比亚的丧钟，这个决议在利比亚设立了禁飞区，基本相当于宣布了卡扎菲的死刑。

随即北约空袭了利比亚。

有依据显示卡扎菲当年想要凭借自己的黄金储备搞一个泛非货币，我们都知道美元体系是美国不能动的禁区。在"阿拉伯之春"的风暴当中，卡扎菲在北约的打击下节节败退，面对西方世界的下台要求，卡扎菲拒不执行，一直退到家乡，凭借部族势力死守。从27岁就执掌利比亚大权的卡扎菲，到这时已经过了42年，权力崩塌的时候他选择了对抗到底，不过没什么用。

2011年10月，卡扎菲被反对派俘获，随后69岁的卡扎菲惨遭虐杀。

卡扎菲死后，各路利比亚诸侯搞了一个过渡委员会，相当于是个联盟，选了个盟主来当老大。但是各路诸侯各怀鬼胎，同时被压抑的部落纷争再次抬头，互相看不顺眼，看见了就打架。就这样打了快十年，竟然还有两个政府。

利比亚有个优点，也是缺点，它跟过的老大太多，大家都觉得那里是自己的势力范围，自然应该掺和下利比亚的事。每支武装力量背后都是一个大国，这就不知道要打到什么时候去了。再加上利比亚的石油和天然气储备，成了各方觊觎的一块肥肉，各式各样的民兵组织和雇佣军都前往利比亚，大批的国外雇佣军在此淘金。全球各地的雇佣军怀揣着发大财的梦想，从世界各地奔赴利比亚，利比亚堪称全球雇佣兵的乐园。

自利比亚战争爆发以来，由于国内混战不断，有70多万利比亚人逃离了家园，赴欧洲避难。而利比亚的总人口不过600多万，也就是说有差不多10%的人被迫踏上了逃亡之路。

　　同样，这些涌入欧洲的难民也让西方搬起石头砸了自己的脚，难民的涌入导致了欧洲国家的不安定因素增多，犯罪率飙升，弄得欧洲人心惶惶。但很难讲西方世界打倒卡扎菲是个错误的决定，因为对它们来说最核心的一点是：一个分裂的利比亚才是好的利比亚，一个动荡的非洲才是好的非洲。乱，才能让外国资本收割到更低价格的资产；乱，才能让想上位的人开出更高的筹码。

　　不得不感慨一句，世界还是那个世界，跟19世纪没什么差别。

日本房地产泡沫往事

一、越来越贵的房产

如果你是一个手里有点闲钱的年轻人，某天有人告诉你，通货膨胀会吞噬你的财富。你觉得人生观受到了洗礼，世界观也有了新高度，认识到"持有现金不理智""要通过资产和债务来对抗通胀"。

那问题就出现了：具体该怎么操作？——这不难解决，贵金属货币有天生的通缩趋势——黄金产量有限、持有成本低、流动性好，只要符合这三个元素，这类东西都是越持有越值钱，除非外界天量注入才能打破这个循环。

20世纪七八十年代，日本人的思维革命了，发现日元越来越不值钱，都开始寻找有升值趋势的硬通货，由此也就引发了日本的房地产泡沫。过程近似于这样：假设一个叫小林的人发现人口聚集区的房子就有硬通货的特点，便拿着手里的100万日元去买房。

小林发现买不到房子，因为房价不低，所以小林从银行借了200万日元，凑了300万日元去买了一套。

小林隔壁老王看到小林出的钱比自己房子原价高得多，于是把房子卖给了小林，手里有了300万日元，这个时候他就成了以前的小林，手里持有大量的现金。

如果回到20世纪五六十年代的日本，那时候的日本老百姓都没有"思想革命"，隔壁老王卖房赚了300万日元可能去旅游、买豪车、股票等。但是到了20世纪七八十年代，日本绝大部分老百姓都"思想革命"了，都已经达成房价会持续涨的共识，而且银行估值高，这个时候老王用300万日元做首付从银行借了600万日元去买了一套900万日元的大豪宅。卖了房得到900万日元的老李决定投机未来，在大城市周边不怎么贵的地方一口气买了几十套小房子，共花了2700万日元，等着慢慢升值。城市周边的农民们也按耐不住，拿着到手的钱去银行贷款投资，因为农民们手里现在有2700万现金，加了杠杆会变成将近一个亿！

到这个时候，房价已经普遍升了一轮，货币供应量翻了几十倍，风险也开始变大，各个环节的人都承担着巨大的房贷压力，而且环节越往后，压力越大。

这个过程中，因为房价持续上涨，大家会变得越来越惜售，市场上流通的房子越来越少，标价越来越贵。

到后来，据说东京的房子如果都卖了可以买下整个美国，日本的房子如果都卖了可以买下四个美国。说是这么说，如果真的大规模抛售，很快就会因为找不到买家而变得一文不值，也谈不上值几个美国了。

二、房产凭什么越来越贵

这里就有一个问题：从银行借那么多钱，总得还吧？如果房贷还不上怎么办？

比如某个人一个月工资2万元，房贷1.5万元，苦就苦点，还能生活下去。但是如果这个人下岗了，还不上房贷了，周围的人能借的都借了，还是还不上月供，他就只好抛掉房子了。

如果只有一个人这么干，是没问题的，就跟一座房子里的一块砖碎了，房子不会倒一样，因为其他砖头会替它把压力分担了，就怕一堆砖头都出了问题。对应房地产产业而言，如果大规模下岗，那就麻烦了，因为卖房子的人太多，房子卖不上价，你越着急出售，压价越厉害，人们买涨不买跌，结果形成雪崩式下跌。银行会形成大量的烂账，说不定银行也跟着倒闭了。

再或者银行利率上涨，本来一个月需要还贷1.5万元，一下涨到2万元，还不上了，怎么办？卖呗。同样的，如果几个人卖，一点问题都没有；如果大规模抛售，什么方法都不好使，就跟重力加速度似的下跌，事实上这个就是日本房地产泡沫中发生的事。

当时有些日本人买房子时一分钱首付都没有，全是借的，或者干脆就是高利贷。他们就是赌房价会上涨，比如借1000万日元，年息250万日元，他们就是对赌房价涨幅超过250万日元，如果涨幅超不过他们就死定了，因为他们根本还不上这多利息。

如果买房子的群体中这种人比较少，那也是没有问题的。房价到了年底没涨，高利贷催收来了，那就必须得卖房还贷。

如果买房子的群体中这类投机者非常多，买的时候就没准备长期持有，全是对赌大幅增长。而如果预期的增长没出现，高利贷到期后强制还钱，也会引发抛售，大规模抛售就是砸盘，要多可怕有多可怕。

房价大规模升值有两个必要条件：

一、上涨的共识。大家都觉得房价会上涨才行，不然老王卖了房，这个链条就断了，游戏就玩不下去了。一个社会体系中认同"房子就是中世纪黄金"这个思路的人得占多数才会有房地产，如果某个地方大家觉得房子不会涨，谁会囤那里的房子啊。

很多国家的房地产泡沫破裂后一直不温不火，其实就是因为老百姓这个共识没了。大家经历过暴跌，不再认为房地产只涨不跌，也就不那么狂热了。

这种"共识"很多时候没什么特别靠谱的根据，比如比特币，美国的一个经济学家说，"我知道比特币是胡扯，但是那么多人相信它，那我们就可以投机赚钱"，用中国某投资人的话说，叫"傻瓜的共识也是共识"。

对应股票和房地产也一样，每次上涨都得有"故事"支撑。你只要说中国还有12亿人没喝上咖啡，投资人就会觉得市场确实是接近无限的，根本不管那12亿人可能认为咖啡还不如刷锅水好喝。

房地产就更是了，有了共识之后多奇怪的事都会发生。

二、银行信用扩张，也就是银行愿意贷款给你。大家看到了，最早的100万日元变成了最后的2700万日元，其中2600万日元是从银行贷出来的。而几乎所有的泡沫都是银行催生的，几乎所有泡沫的破裂，也都是因为银行贷不出那么多钱来让下一个人接盘。

把这个逻辑理清了，你去看所有的泡沫，都是这个套路。

无论是人类最早的黄金崇拜，还是后来的郁金香狂热，都是这样的。

大家疯狂追逐一个产品，认为它会升值，为了买到它，不惜去借钱，到了后来交易的钱都是借来的，直到有天借不到钱，或者市场上没有新的钱维持上涨，或者借钱成本高到没法接受，没人接盘，呼啦一下就崩了。

欧美银行家经常目睹这种大崩溃，思想上早就有了准备，他们知道每次大繁荣到最后都是一地鸡毛。他们之间有个隐喻，叫"Ball is over"，也就是"舞会结束了"。这是什么意思呢？就是我们上文说的，大家都在借钱投机，比如我把一个债券5元卖给你，你10元卖给另一个人，我又12元买回来，准备再高价卖给别人，这样不断加价，在这个不断加价的过程中，大家都欢乐得不得了，就是"Ball"，也就是"奢华欢乐的舞会"。

但是舞会迟早要结束，这种击鼓传花的游戏不可能一直玩下去。银行家就得预测到"舞会结束的时间"，提前把手里的债券抛掉，谁接盘谁死，也就是我们说的"最后一棒"。

三、及时扼制投机才能防止系统崩盘

这几年的房地产有一种情形备受热议。举个例子，小王工资2万元，月供1.5万元，安静地过日子，房价很高，但是也能承受。后来小王看着房价不断上涨，想把手里的这套卖掉再买一套好的，月供2万元。但银行说不贷款给你了，或者贷款不会太多，说是要"认房认贷"，让他安安静静地还贷，所以小王想冒险都不让。在这种场景下，政府遏制住了投机，至少遏制住了全民投机，房价就停在了一个很高但不险的位置上。

政府没法遏制崩盘，因为崩盘的本质是信用和共识的崩溃，但是政府可以遏制投机，毕竟投机的钱多数是通过银行贷款贷出来的，政府限制银行的高风险贷款之后，人们确实不太好投机了。这样就把房子控制在了低风险高价位上面。这就是日本发生了房地产泡沫以后，一些国家采用的方法，从而防止了引发系统性风险。

有了这个认识，再去看日本泡沫，或者美国房地产泡沫，逻辑就清晰得不得了——再看看三百多年前的郁金香泡沫——简直是一个模子刻出来的。都是一开始慢慢涨，这个是正常的，因为经济发展，大家有钱了自然愿意多花钱。在这个缓慢上涨的过程中，会形成"房价永远涨"的共识，吸引越来越多的人参与进来。但是迟早会有一天，随着银行信用扩张（也就是放水），房价暴涨，呈现出指数上涨趋势，顶点就是没人接盘的时候，然后一路坠落。

四、日本房产泡沫破灭的真相

日本在"二战"后实行的是一种德国模式的变体，现在叫"东亚模式"，类似宏观方面实现计划经济、微观方面实现市场经济的模式，固定汇率，出口导向等。通过这种模式加上日本最强一代人的不懈努力，日本从"二战"后到1973年实现了每年8%以上的增速，1974年放缓一年后，出现了第二轮增长，一直持续到1990年前后。

但在经济增长的同时，日本面临着巨大的问题：在对外贸易中日本占了美国便宜，一直有贸易顺差，这美国能忍？

当然不能忍了，所以日美之间冲突不断，在三十多年间持续爆发了"纺织大战""钢铁贸易大战""彩电摩擦""汽车贸易摩擦"，从这个过程中大家也能看出来日本的经济在持续升级。

贸易摩擦归摩擦，日本就是在美国的折腾过程中变得越来越厉害的。到了20世纪80年代，日本成为世界上第二大经济体，很多日本企业都做到了世界第一，手里拿着大量在贸易中赚到的钱，全世界到处买地、买资产，而且日本人均收入是美国的145%，日本人的高兴劲可想而知。

在这个背景下，美国人忍无可忍，准备收拾下日本。不过并不是以往大家说的"广场协定"直接击倒了日本，这个太过简单化了。

当时美日双方针锋相对的一个最主要的问题是汇率问题——说是日本故意压低本国汇率。当时日本普通老百姓买美国的东西巨贵，基本不买美国人的东西；美国人买日本人的东西却巨便宜，疯狂消费日本产品，能不贸易顺差吗？所以美国要求日本把汇率大幅上调——以往我们说是《广场协议》中日本被迫提高了汇率，其实这么说不完全对，因为美国打压日本是个长期的事，《广场协议》只是其中一部分。真实情况是美国从1971年就开始打压日本，一直打压到1987年。

先是在1971年，西方十个国家一起搞了个《史密斯协定》，一起调整美元价格，要求日元升值。然后继续施压，小打小闹不断。

到了1985年，美国、英国、西德、法国、日本五国财长在美国纽约广场饭店签订了《广场协议》。

《广场协议》之后是1987年的《卢浮宫协议》，核心就一件事，让日元升值，升值之后日本产品在国际上就不那么有竞争力了。

迫于压力，而且日本政府当时确实是希望日元国际化，日元出现了大幅升值。不过日元升值就意味着日本生产的汽车和彩电等产品变贵了，在国际上竞争力就不那么强了，所以在1986年，日本商品出口比前一年暴跌，也就是以往卖到海外的东西现在卖不出去了。

我看不少文章里说《广场协议》直接刺破了日本房地产泡沫，这个说法其实是错误的，因为《广场协议》是1985年签署的，1985年日本的房地产泡沫还没疯狂起来，属于正常增长。事实上日本房地产泡沫是《广场协议》签订后出现的。

1985年签了《广场协议》，1986年经济不景气。为了刺激经济，日本央行开始大规模降息。这个操作非常常见，各国都是在经济疲软时候降息，经济过热时候升息。所以单是1986年这一年，日本央行连续五次降息，市场一下子资金充裕。钱已经到位了，往哪投呢？

一般我们直觉认为有了钱就扩大再生产，问题是生产是订单驱动的，比如你是个面膜厂厂长，突然多了一大笔钱，你会直接买机器扩大再生产吗？你会衡量下产能扩大后能不能卖出去。

日本也一样，本来出口不振，东西卖不出去，现在钱多了投资产不是找死吗？

这时候就需要我们刚才说的那个"共识"了，大家一致看好房地产，尤其是日本一线大城市，因为从过去三十年的经验来看，日本一线房价非常稳，大家已经习惯了房价的温和上涨，觉得今后也会涨下去。

而且当时日本坊间开始流传，说日本工业全球无敌，什么都可以造，唯独没法生产更多的土地来。土地存量有限，经济无限发展，世界上顶级的公司聚集在日本几个核心城市，而且东京是亚洲金融中心，房价不涨简直有违天理。既然会一直涨下去，为什么现在不多囤点呢？到此为止，日本人认为房价一直会涨的故事和共识有了，钱也有了，然后就开始疯狂投资。

当时日本玩的叫"土地转卖"，也不复杂，先找块地，把上边的人都拆迁了，然后把拆迁完的土地高价卖掉，接手方随后卖给下一家，下一家再卖，地价就跟火箭似的上去了。而且土地买卖不需要地产商自己拿钱，去银行借就可以了，银行往往愿意给过高估值贷款从优，企业反正是空手套白狼，何乐而不为呢？

当时还有一个因素让日本的银行发了疯。20世纪八九十年代正好是日本制造业最辉煌的年代，日本企业在国际上声望特别好，本身就代表着信用和质量，能在国内外的股市债市上融到大量的钱，借到钱之后就把他们之前欠银行的钱给还上了。

银行主要靠贷款活着，日本企业现在把贷款全给还回来了，日本银行怎么发展？所以银行当时非常着急要把钱借出去，借给谁呢？那些制造业企业不需要钱，就借给需要钱的房地产企业，所以房地产企业拿到钱之后疯狂投资倒买倒卖。

在这种情况下，1986年东京地价开始起飞，1987年就涨了23%，到了1988年，更是涨了65%，随后一路飙升。当时日本有个说法，"卖掉皇宫下边的那块地，可以买下整个加拿大"。

在这个过程中，一代日本人的"三观"被击了个粉碎。NHK拍过一个纪录片，里边说了那个年代房地产价格疯涨的事情——有个大爷穷了一辈子，但是退休后卖了东京他一直住的一个小房子，竟然卖到了400万美元。当时400万美元抵得上现在的1000万美元左右，大爷因此荣归故里。其他人也一样，穷了一辈子，但是只要有地，就可以瞬间富得流油，而且这些人拿到钱后到处乱花，日本各个领域欣欣向荣。

有一个三菱公司的高级工程师，他闺女大学毕业后进入了一家公司，这家公司从银行贷了2亿美元，拿下一块地，然后倒手卖给了另一家公司，卖了5亿美元。这个女孩的分红高达200万美元，她的三菱工程师的爹感慨说这个不正常，因为他给三菱设计过飞机发动机，属于顶级技术工人，一辈子都没赚到这个数的一半。

日本的土地在疯涨，股票也不逊色。日本人对股市的态度是很严肃的，觉得他们是在投资价值。

也是从1986年开始，日本股市也大爆发。到了1989年，日本股市涨了486%，日本股市的总市值，是美国股市的1.5倍，占到全世界的45%，令人匪夷所思。但是日本人当时并不觉得有问题。

老百姓觉得问题不大并且很多人赚得盆满钵满，但是政府开始操心了，政府担心借出去这么多钱，会不会还不回来？如果发生连环违约，弄不好银行都得破产。所以政府内部开始思考是不是"Ball is over"。

随后日本央行从1989年开始温和提高利率，降低货币供应。到了1989年年底，日本历史上著名的"疯狂原始人"三重野康出任日本央行行长，为什么叫他"原始人"呢？因为这个日本经济奇才极其讨厌通货膨胀，日本当时的主流经济学家觉得投机是市场行为，市场是不会错的，所以他们把讨厌投机的三重野康称作"原始人"。为什么说他疯狂呢？因为他作风极端雷厉风行，甚至有点不顾后果。

这人还有一个名声，叫"平成鬼才"。他后来一举戳破了泡沫，所以又得了一个更新的外号："戳泡人"。

三重野康上台后日本五次提高利息，终于在1990年8月，日本的利息由超低的2.5%飙升到了6%。这下可出麻烦了，股市和房事都被断了货币供应，涨不动了，没人接盘了。

假设你从银行借了1000万日元买了一套房，等着别人借1200万日元过来接盘，但是别人借不出钱来了，这房子砸你手里了，怎么办？只好到期之后赶紧卖了，能还多少还多少。问题是当时有无数人这么干，这就麻烦大了。

没过多久，日本爆发股灾，日本股市在1990年到1992年三年间跌了一半多。股市这么惨，楼市也没逃掉，股市暴跌仅仅半年后，楼市也开始动摇，随后激烈下跌，在1990年到1992年这三年中也跌了46%，上百万亿日元的资产化为乌有。当然了，这不是结局，从1992年之后，还一直在降，累计又降了50%。现在还在降。不过现在继续下降的原因大家普遍认为是因为日本老龄化问题太严重，每年死了的人腾出的房比买房结婚的新人都多，房子能卖上价就怪了。

股市和房市这么惨淡，自然也没饶过其他实体经济。比如上文说到的那个领了200万美元分红的女生，她随后把钱也投入了房地产，在泡沫破裂之后赔了个底朝天，还欠了一屁股债。

由于大批房地产公司破产，欠银行的钱还不上，把银行也拖下了水，大批银行跟着倒闭，银行倒闭又触发连锁反应，大量企业跟着倒闭，随后是失业潮、房屋断供、违约、跳楼。在1991年，日本一年内因为房地产泡沫破裂倒闭了上万家企业，这一万家企业的员工随后被抛到人才市场上，痛苦不堪。

日本经济泡沫破裂后，开始了长达十年的经济萧条，日本国内称为"平成萧条"。更为重要的是，这次萧条严重打击了日本在"二战"结束后建立起来的经济上的自信。很多人说，在那十年里，日本人从"昭和男儿"过度到了"平成废宅"，整个社会长期弥漫着一种无法摆脱的、找不到出路的低迷情绪。

阿根廷是怎么从发达国家成了发展中国家的

阿根廷所在的地方叫"南锥体",因为南美整体跟个大锥子似的,阿根廷就是那个锥子头。

美洲最好的土地其实是南美——英国人早期像西班牙一样寻求在美洲殖民,目光一直是集中在南美的,可惜英国人早期武力不行,惹不起西班牙人。后来在西班牙殖民南美一百年后,英国人放弃幻想,去西班牙人不愿意去的北美殖民了。

南美比北美资源丰富得多,而且环境也非常好,种什么长什么。在16世纪到19世纪的几百年中,南美在各个方面都胜过北美,但正是因为南美环境太好了,一直没有寻求走一条更加长久的路,所以在工业革命之后南美越混越落后,资源慢慢成了诅咒。

资源诅咒这事并不是只在南美发生,美国内部也发生过——美国的南部州也是走了跟南美一样种棉花、种烟草的套路,如果不出意外，南北美本是一家人，现在整个美洲又穷又乱。

后来清教徒去了马萨诸塞州，那里种地效果太差，活不下去，正好有鳕鱼，他们只好打鱼，打鱼就得造船，想造船打鱼就得有冶铁、砍树、挖矿、造模具、酿酒（以前航海要带着酒当水喝，如果直接带淡水，几天就臭了）等技能，慢慢开启了工业之路，后来又开始修运河、铺铁路，越来越猛。

和挖矿相比，工业之路是很痛苦的，来钱慢还不体面，但是时间长了收效惊人。首先，工业有自我繁殖的功能，工人们有了钱就可以买东西，商家就可以扩大再生产，继续雇佣更多的工人。其次，工人还可以升级，熟练技术工人钱多一些，扩大购买力什么的，工业继续升级。

最后，最重要的一点，工业对知识是有要求的，发展工业就需要不断地更新知识，改进技术。所以，我们说，技术才是经济的第一发动机。

不过发展工业本身具有明显的"随机性"和"偶然性"，不是说谁都可以发展的，很多时候你就算发展了，你的东西也可能卖不出去，卖不出去就循环不起来，也很难搞起来，更别说南美各个国家都有矿，根本不想去干那些脏活、累活。

阿根廷就是这样家里有矿的国家，国内除了矿主就是矿工，矿主富得流油，矿工穷得除了吃的什么都买不起，而且矿工很多时候就是奴隶，奴隶能有什么购买力？这也是为什么大家去南美，会惊讶地发现那些早期殖民史时期的庄园富丽堂皇，连石头都是从欧洲拉到南美的，庄园里的树也是从欧洲拉过去的，但除此之外，到处是贫民窟。

尽管南北美都是商业起家，但是越混差别越大。

阿根廷那块地以前是归印第安人所有的，不过印第安人跟我们想象的不一样。整个美洲大陆有几千个印第安部落分支，互相跟周围其他部落敌对，这就给了最早殖民美洲的西班牙可乘之机。西班牙人征服美洲并不是自己拿刀一直砍，而是跟一些部落联盟，对付其他部落，加上欧洲人带来的疾病，很快就把印第安人搞得七零八落。

随后在波托西发现了银矿，美洲贸易很大一部分都是围绕这个银矿展开的。波托西银矿在山里，把银子运到布宜诺斯艾利斯港需要大量的骡子——美洲大陆上没有大牲口，只有羊驼。羊驼也能驮东西，但是比羊强不了多少。挖矿需要大量的工人，当时提炼银子需要水银，所以西班牙人从欧洲拉着一船一船的骡子、黑奴、水银到达布宜诺斯艾利斯，然后把这些物资送到波托西银矿，再把银子用骡子驮到港口，用船运回欧洲打仗。

后来西班牙发现在潘帕斯草原上放牧挺好，又开始大规模放牧，往往一个西班牙人承包下几千亩的牧场，让一堆奴隶和牧民给他养牛，然后卖回欧洲。从那时候起，西班牙就是高度外向型的国家，自己什么都不能生产，全部依赖进口；生产出来的东西自己又消费不了，全部运到海外。这种状态一直持续到现在。

西班牙在阿根廷的统治大概维持到法国大革命之后，拿破仑的出现对于整个欧洲和美洲的影响都是翻天覆地的——在欧洲，成打的王冠落地，西班牙在欧洲被拿破仑打得落花流水，国王都被法军给俘虏了。消息传来，殖民地一片哗然，殖民地上层开始纳闷，这么虚弱的一个宗主国，我们还有必要把一船一船的银子给它运回去吗？

法国击败西班牙后，还要给阿根廷派总督，阿根廷的离心力越来越大，终于在1810年，阿根廷爆发革命，随后独立建国了。

不过还顺便放出了一个大恶魔，也就是军头。之前尽管南美洲也乱，但是有西班牙和葡萄牙给管着。现在超级权威没了，大家都是权威，互相不服，所以就打了起来。这仗一打就没完没了，持续了几十年。

各种宗教领袖、政治头目，还有大大小小的地主民防，以及各种印第安部落都冒出来。这些部落经历了两三百年的战斗熏陶，已经非常能打，现在都起来了，有的想乘火打劫，有的想单纯拥兵自保，还有一部分是家乡毁于战乱，没地方去，只能到处流窜，慢慢地就变成游击队了，也没什么政治主张，有一天过一天。

那本马尔克斯的《百年孤独》，说的就是这段时间以来南美一波刚平一波又起的动乱、仇杀。故事的背景是哥伦比亚，不过同样适用于阿根廷，两者都是西班牙的后裔，都是拿破仑战争之后宣布独立的，然后开始没完没了的内乱。

也就在这段时间里，繁荣了两三百年的白银矿迅速衰竭，南美洲开始转向大家都熟悉的羊毛和畜牧类业务。模式还是那种挖矿模式，往往是一个农场主有上百万亩的农场，下边一堆人在给他放羊。等到薅了羊毛或者畜类被宰杀，就拉到布宜诺斯艾利斯港口，装船送往欧洲，运回来各种工业品。上层富得流油，底层凑合着过，没有中层，社会极其不稳定。

南美洲有个特点，尽管大部分人日子不好过，但是地主和农场主家庭特别愿意让子女读书，还去欧洲留学。这些孩子从小就经历了一些让人非常匪夷所思的东西——战乱和贫穷。欧洲的富足、南美的分裂，丰富的生活题材很容易让他们文思泉涌，写出了一些伟大作品。欧美人看了之后觉得太魔幻了，作家说他写的是现实，这些作家的作品就被称作"魔幻现实主义文学"。

到了1880年，阿根廷进入一个新时期，因为仗终于打完了。罗加将军从欧美拿到了新式武器，一股脑儿灭掉了国内的各种武装势力，终于终结了战争。大家都踏实了，阿根廷也就稳定下来了。

　　稳定下来就得发展经济，怎么发展呢？当时英国正在鼓吹自由贸易，美国当时也在搞自由市场（美国的贸易保护是在南北战争前后开始的）。阿根廷人看了一圈，也没看到别的模式，于是也开始搞市场经济，具体套路并不复杂，阿根廷国内地主和寡头把整个国家的资源命脉，比如草原、矿山、耕地等资源型生产要素都把持住，剩下的让外资尽情地进来投资、修铁路、建工厂。阿根廷当时人力不足，所以敞开向全世界吸收移民。铁路和工厂大都是英国人修的，英国投资家在阿根廷获得了巨量财富。

　　纵横的铁路明显提升了效率，把更多的牛羊运到海外，赚取了大量的财富。英国那样的国家三分之一的肉类都是阿根廷供应的，地主和寡头们一个个变得富可敌国。

　　虽然财富总量急剧上升，但还是那个老问题，社会层次分明，最上层的地主寡头们拿走了阿根廷绝大部分财富，底层一直变化不大。那段时间阿根廷富豪在海外一掷千金，所以大家以为每一个阿根廷人都是富豪。然而阿根廷底层非常穷——一片繁荣的背景下，风险正在酝酿。

　　在"一战"时期，阿根廷的人均收入已经看齐了美英等国家，但是人们收入差距很大，社会分裂非常严重。也就在这段时间，阿根廷被认为是发达国家，其实阿根廷当时国内是严重两极化的一种状态。这种两极化状态越演越烈。

"一战"开打后，尽管阿根廷没参战，但是一直给阿根廷供应火车头和其他各种工业器材的英国开始自顾不暇。当时英国和德国在法国打起来了，经常是一天要消耗百万枚炮弹，英国把整个国家都组织起来去生产军火了，老人、小孩、女人都上了生产线造炮弹。可供出口的物资必然是变少了，按照供求关系，那些物资也变贵了，随后在阿根廷引发了剧烈的通货膨胀，一下子各种矛盾都被引爆了。

当地的阿根廷人强烈要求政府不准再引进移民，因为移民抢工作，随后全国性的骚乱屡禁不止，比如1919年1月布宜诺斯艾利斯爆发了为期一周的冲突，之后暴徒掠夺了犹太聚集区，打死、打伤多人。大量的移民后代组织起来，示威游行，要求政府停止接受移民，政府弹压，又死了一大批。那几年阿根廷一直在混乱之中。

雪上加霜的是，"一战"刚结束，就迎来了1929年的"大萧条"。那次萧条的原因到现在也没弄清楚，或者说已经弄清楚了，但是经济学家们搞出来几百个原因，他们互相说服不了对方，达不成共识。

大萧条改变了整个世界。在美国，罗斯福把苏联第一个五年计划呈送到国会去了，美国人惊呼"这是自由主义的终结"。

在阿根廷，自由化的市场经济也终结了。以往一些别有用心的知识分子为了证明自由化的市场经济促进了阿根廷变得富裕，然后把阿根廷掉进坑里说成是贝隆上校以军事政变上台后把阿根廷给搞乱了。其实阿根廷是从1930年开始军事政变乱的，此时贝隆还是个上尉连长，手底下不到50个人，根本没他什么事。

1929年，经济危机爆发后，各国都树起高关税打贸易战，依靠出口的阿根廷遭到重创，大规模裁员，引发通货膨胀。原本剧烈的阶级对抗彻底白热化，人们生活越来越难。

当时阿根廷的老百姓跟各国一样，觉得当前问题的根源是政府无能，懒惰而腐败，解决不了问题。政局越来越不稳定，军队觉得自己义不容辞要站出来解决问题。1930年，也就是经济危机爆发一年后，军队推翻了总统。从这个时候起，阿根廷进入了军事政变的循环中，自由化的市场经济也就彻底完蛋了。此时离贝隆上台还有十几年。

后来很多人批评阿根廷那段时间开始搞贸易保护，这真不能怪阿根廷，因为全世界都在搞。当时的美国开了个坏头，最早搞贸易保护，甚至完全不从阿根廷进口肉类，以保护美国本国的农民。

一直倡导自由贸易的英国也大幅消减阿根廷的农作物进口，阿根廷为了保护本国农民也赶紧开始操作。从那时候起，阿根廷就开始讨厌英国和美国，觉得他们是伪君子，并且成了德国的好搭档。阿根廷军队都是德意志第三帝国装束，并且有样学样地像德国一样搞起了国防工业，生产武器来带动就业。很多人把保护政策归到了后来的贝隆上校身上，其实不太对，贝隆是个承上启下的人，他的政策都不是他自己发明的。

在阿根廷乱哄哄搞了十几年之后，贝隆上校看不下去了，沿袭了阿根廷军人的传统，又一次发动政变。这位将军带领军官团，推翻政府，随后在大选中当选总统。

贝隆当时做了几乎所有人都要求他做的一件事，也就是大规模所有制变革。为什么这么做呢？很好理解，铁路是很赚钱的，但是以前的利润都被资本家给赚走了，所有制变革之后就不以盈利为目的了，可以给工人多发点工资。而且有样学样地学习美国，搞物价管控。有人肯定要问了，贝隆不这么搞行吗？其实是不行的，阿根廷当时已经成了个火药桶，如果不按照民众的要求改革，接下来又是一场政变。当时的美国也一样，罗斯福要搞他的新政，国会不让，老百姓就要去烧国会。

但是阿根廷显然没有搞国有化的经验，所有制变革之后好处不明显，毛病全出来了。人浮于事、内部腐败等问题越来越明显，顾客为了让电话公司装一个电话，得等两年，而且电话经常串线。

所有制变革没能救得了阿根廷，阿根廷继续衰退，老百姓继续闹，军队继续参与，终于在1955年又一次发生政变，逼迫贝隆辞职。贝隆辞职后，政府开始朝着"去贝隆化"的方向猛踩油门，也就是贝隆干什么，新政府全给他拆除掉。

以往很多人说阿根廷的问题是贝隆导致的，这明显是为了理论的一致性对现实进行了修改，甚至有人说阿根廷经济衰退是从贝隆开始的，这简直就是胡说八道了。我们刚才说了，贝隆上台不是衰退的原因，而是衰退的结果，人民要求变革把他给选上去了。在他之前，阿根廷已经衰退十几年了。如果某一个人就能毁掉一个国家的市场经济，那市场经济这玩意儿也太脆弱了，这么脆弱的东西怎么能在这么残酷的世界上生存呢？

反正阿根廷从"一战"开始，一直到现在，基本上尝试了所有的经济模式。美国经济学家评价日本时说："经济学理论都不够日本人用了。"对于阿根廷来说也一样，无论是经济学还是政治学都不够他们用了，基本上每隔一些年就政变一次，从1930年到1983年，阿根廷只有三任总统完成了任期，其他的都被推翻了。这还不是最过分的，最过分的是具体操作经济的，也就是经济部长，平均每年换一次，偶尔一年换三次。阿根廷的经济政策乱成什么样大家可想而知。

说到这里，其实已经没什么可说的了，政局乱到这种程度，阿根廷的经济能搞好就奇怪了。在接下来的岁月里,政变、示威游行、通货膨胀、债务违约成了阿根廷的日常。

阿根廷的经济越来越差。后来阿根廷又出了一个问题:跨国集团借钱给阿根廷挖阿根廷的资源,资源挖完之后人家跑了,阿根廷还得继续还钱。大家肯定纳闷了,这不胡扯吗?阿根廷怎么这么笨?其实不是笨,它是在犯很多人或者国家容易犯的错,越没钱越容易干一些为了短期利益去伤害长期利益的事。干得越多,越缓不过来,越需要干更多的蠢事来弥补,逐步掉坑里了。

图书在版编目（CIP）数据

西方博弈往事 / 九边著. —北京：台海出版社，
2020.10（2020.11重印）

ISBN 978-7-5168-2719-2

Ⅰ.①西… Ⅱ.①九… Ⅲ.①世界史—通俗读物
Ⅳ.①K109

中国版本图书馆CIP数据核字（2020）第169601号

西方博弈往事

著　　者：九　边	
出 版 人：蔡　旭	封面设计：末末美书
责任编辑：曹任云	

出版发行：台海出版社

地　　址：北京市东城区景山东街20号　　邮政编码：100009

电　　话：010-64041652（发行，邮购）

传　　真：010-84045799（总编室）

网　　址：www.taimeng.org.cn/thcbs/default.htm

E-mail：thcbs@126.com

经　　销：全国各地新华书店

印　　刷：天津中印联印务有限公司

本书如有破损、缺页、装订错误，请与本社联系调换

开　　本：880毫米×1230毫米　　1/32

字　　数：187千字　　　　印　　张：10.75

版　　次：2020年10月第1版　　印　　次：2020年11月第2次印刷

书　　号：ISBN 978-7-5168-2719-2

定　　价：59.80元